나에게 묻는 안부

나에게 묻는 안부

초판 1쇄 인쇄 2019년 2월 15일
초판 1쇄 발행 2019년 2월 22일

지은이 나다운글

발행인 장상진
발행처 (주)경향비피
등록번호 제2012-000228호
등록일자 2012년 7월 2일

주소 서울시 영등포구 양평동 2가 37-1번지 동아프라임밸리 507-508호
전화 1644-5613 | **팩스** 02) 304-5613

ISBN 978-89-6952-319-8 03810

· 값은 표지에 있습니다.
· 파본은 구입하신 서점에서 바꿔드립니다.

나에게 묻는 안부

듣고 싶은
말일 수도.

나다운 글

경향BP

프롤로그

굳이 내 아픈 상처를 달그락거리며 꺼내려는 사람이 있다. 자신의 가벼운 궁금증으로 나를 아프게 한다. 그로 인해 내가 아프고 힘든 건 생각도 하지 않은 채로 말이다. 이런 '평범하고도 흔한' 상황에서 나를 포함한 대부분이 웃고 넘겼거나 아무 말을 하지 못한 채 집에 돌아오는 길 내내 생각을 곱씹는다. 그 말이 손톱의 가시처럼 신경이 쓰이고, 그 말로 인해 내 기분은 상한 우유마냥 구린데도 딱히 해결책은 없었다. 너무 많은 관계를 신경 쓰느라 늘 나에겐 소홀했다. 그 관계에 마음을 다했음에도 불구하고 마음이 공허했다. 솔직해지고 싶다. 나는 내가 아닌 다른 누군가에겐 "많이 힘들었지?", "괜찮아?"라고 수없이 물어봤지만, 정작 내가 나에게는 물은 적이 없었다. 누군가에겐 술술 나왔던 말들이 거울을 봐도 혼자서 중얼거려 봐도 어색하고 낯설고 복잡하기만 할 뿐이다. 누군가에게 묻는 그 흔한 안부는 어쩌면 나에게 가장 필요한, 어쩌면 내가 가장 듣고 싶어 한 말일 텐데 정말 소중한 건 나이고 가장 중요한 것도 나이다. 이기적이게 느껴지더라도 사실이다. 주변 사람들의 기분 그리고 행복 등 여러 가지를 고려하느라 바빠, 나를 잃진 않았으면 좋겠다. 그렇게 불행해지고 외로워지다 보면 예민해질 거고 그때 가서도 그 사람들이 남아있으면 다행이지만, 없을 땐 정말 너덜너덜해진 나 하나만 남을 테니까. 당장 정리하거나 아프지 말아달란 말이 아니라 기억했으면 좋겠다는 의미로 글을 쓰고 있다. 소중한 당신께.

늘 위로하던 당신이 위로받고 또 자신에게도 익숙해지기를 바라면서 구겨진 당신의 마음을 모두 세탁하고 반듯하게 다림질해주고 싶은 마음을 담았다.

차례

제4장

잊힌 건
네가 아니라
널 잊겠다던
내 마음이었다

제1장 내가 달을 빌려 너의 가로등을 켜줄게

누군가 하는 말에 기죽지 말았으면 해

다른 사람들의 눈이 아닌
나의 눈으로 나를 보기.
'사람들이 이렇다던데.'라고 말하지 말아요.
사람들이 당신의 모습을 다 본 게 아닐 수도 있고
당신의 아예 다른 모습만 봤을 수도 있는데
당신을 다른 사람들의 눈만으로 판단하기에는
당신은 더 볼 게 많은 사람이니까요.

아마 그들은
당신으로 살아보지도 않았고
당신으로 살아주지도 않을 거야.
그러니 그 사람들로 인해
당신을 선택하지는 말았으면 해.
중요한 건 그들이 아니라 당신이니까.

정말
그냥 누군가의 말일 뿐이잖아.

불가능했던 것들이 가능해진다는 말

그런 거 알아요?
불가능했던 것들이 가능해지고
가능했던 것들이 불가능해지는 거.
전자라면 축하해요, 그럴 줄 알았어요.
후자라도 뭐 어때요,
이미 당신의 경험일 텐데.

타고난 게 아닌 노력과 간절함으로

당신의 발걸음 한 걸음 한 걸음이
매 순간 시작이라는 걸 잊지 말고
넘어져도 겁먹지 말기.
다시 시작하면 될 뿐이라고 생각하기.
잘할 수 있다고 다짐하기.

잘되고 싶은 마음이 간절하다면 지금 잘하고 있는 거야.

내가 아닌 너를 위로하는 밤

미칠 것 같은데 아무도 몰라주니
더 미칠 것만 같죠?
하룻밤 자고 일어나면 괜찮아진다는 말을 믿고
자고 일어났는데 더 나아진 건 없죠?

맞아요, 내가 그랬거든요.
내 상처로 당신의 상처를 달랠 수 있을지 모르겠지만
그럴 땐 그냥 넘어져 보면 어때요?

돌에 부딪히든 땅에 주저앉든
더는 불안해하지 말고, 피하지 말고.

넘어졌을 땐 내가 앞에서 손잡아줄게요.
넘어져 봤는데 차라리 그게 더 낫더라고요.
불안에 허우적거리는 것보단.

오로지 당신만을 위해서

어떤 사람이 되고 싶어요?
아니, 고개 돌려보지 마요.
아무 눈치 보지 말고
오로지 당신만을 위해서
어떤 사람이 되고 싶어요?
괜찮아, 정답이 어딨어요.
맞아요. 당신의 선택이 중요한 건데.

그냥 마음 가는 대로 해봐요.
당신의 마음을 믿어보고
지금만 생각해봐요.
오늘만큼은 오늘만 사는 것처럼
내일은 오지 않는다는 생각으로.

누군가가 부러워하는 날은
내일이 아닌 오늘일 테니까.

오늘은 절대 두 번이 아니잖아요.
당신에게 주어졌던 그 기회는
다시 올지, 오지 않을지 모르는 일이니까
오늘 당장 해봐요. 그만 망설여도 돼요.
괜찮아, 정말로.

가자

늦었다고 못 가는 건 아니지.
갈지 말지는 네가 선택하는 거니까.

싫어하는 사람까지 챙기기에 내 마음은 너무 작고
또 이럴 땐 굳이 넓지 않아도 된다는 것

눈치마저 아까운 이에게
더 이상 눈치 보지 말고 물어보세요.

"나 싫어해?"

이유가 별거 없는데
그렇게 날 싫어한다면
나도 널 싫어한다고 끊어버리세요.
별거 없는 이유가 넘치는 별거 없는 관계를.

참으라는 건 옛말이죠.
부질없는 관계에 아파하지 말아요.
자신만을 위해 아파하세요. 그건 이기적이지 않아요.
사랑하는 사람들과 함께하고
당신에 대해 수군거리는 지나갈 바람들에 귀 기울이지 말아요.
그래도 감정이 가라앉질 않는다면 생각해봐요.

"나는 과연 모든 사람을 좋아할 수 있는가?"

대답을 할 수 없다면 인정해버려요.
가끔은 단순함이 상처받지 않는 법을 가르쳐주기도 할 테니.

놓쳐선 안 될 사람

살면서
힘들 때 옆에 있어주는 일보다
기쁠 때 옆에 있어주는 일이 더 어렵다는 걸 느꼈다.
경쟁을 가르치고 성공을 요구하는 사회에서
정말 진심으로 축하해주는 사람을 만나는 건
기적일 테니.

관계에도 유통기한은 있다

어디에든 유통기한은 있다.
유통기한이 지날 걸 알면서도 버릴까 말까를
망설이던 것들은
그 순간부터 냄새가 나고
썩기 시작한다.
조금이나마 그 형태를 유지할 때
깨끗이 정리를 할 줄 아는 당신이 되기를.

달을 빌려 너의 가로등을 켜줄게

힘들 때 '힘내.'라는 말은 하지 않을게.
구멍 난 풍선에 바람을 불어도 바람은 차지 않아.
더 힘든 걸 알아.
단지 하나만 알아줘.
네가 소중하지 않은 순간은 존재하지 않았다는 것을.

하루라는 게 얼마나 소중하고 값진지

당신의 날카로운 말 한마디로
다른 누군가의 하루를 찌를 수 있어요.
그 누군가에겐 돌아오지 않는 소중한 하루일 텐데.

오늘을 살아가는 이유는 사람마다
다 달라요.
비슷할 수는 있어도 같을 수는 없어요.
두 번 다시 돌아오지 않을
그 소중한 하루를 당신이 망쳐선 안 돼요.

남을 사람은 알아서 남아요

너무 많은 관계를 신경 쓰느라
늘 나에겐 소홀했다.
마음을 다했음에도 불구하고
마음이 공허했다.

가장 소중하고 중요한 건
당신이 행복해지는 일이기에
주변 사람들의 행복을 위해서
당신의 행복을 놓치지는 말아요.

정말 당신을 위하는 사람들이라면
당신의 불행을 보게 된 순간 결국
그들도 행복과는 멀어질 테니까.

당신을 위하지 않는 사람들이라면
더더욱 당신이 희생할 필요는 없겠죠.

보석인 너를 돌멩이로 착각하는 곳이 아닌
보석으로 대해줄 곳에서 빛나기를 바란다

아무도 이해하지 못한다고
울부짖는 너를 이해하고만 싶었다. 안아주고만 싶었다.
나는 묻지 않아도 너를 이해하고 있다.
너를 완벽히 이해할 순 없을지라도
나는 너를 그 누구보다 이해한다.
그 상황은 네가 자책해야 하는 일이 아니다.
네가 자책하지 않길 바란다.

그런 당신이 되길 바란다

따사로우면서도 유연할 수 있는 사람
정에 흔들려 선택을 흐리게 하지 않는 사람
정확하고도 솔직한 또 단단하면서도 예쁜 사람
기다림에 시간을 허비하지 않는 사람
온전히 자신만의 행복을 만들 수 있는 사람
두려움에 시작을 주저하지 않는 사람
지난날의 내가 아닌 앞으로 더 나아질 나를 볼 줄 아는 사람
허나 자신을 숨 막히게 하진 않는 사람
무너지는 일이 있더라도 자책하지 않는 사람
누가 너를 싫어하는 건 인정하되
네가 너를 싫어하는 건 인정하지 않는 사람

날 위한다는 게 날 위하지 않을 수도 있어요

'널 위해서'라는 말은 당신이 판단할 문제가 아니라
내가 판단해야 할 문제겠죠.
결국, 날 위한 일은
당신보단 나 자신이 제일 잘 알 테니.

다 하고 살자, 다 하고 죽자

꿈, 고백, 사과 등 여러 가지 선택의 기로 앞에서
해보고 싶은 건 분명히 있는데
용기가 안 날 때, 두려움이 앞설 때.

"그걸 못하고 내 인생이 끝나버린다."라고 생각해봐요.

조금 극단적이지만
그럼 눈앞에 뭐가 나타나게 될지
흐르는 시간 속에서 시간은 멈춰지지 않아요.
우리는 계속 시간을 걸어야 해요.
잘 생각해봐요, 고민만 하고 있으면 놓쳐.

감정 주머니

당신에게 감정 주머니를 선물해주고 싶어요.

흐린 날의 감정들은 모두 주머니에 넣어두고
밝았던 날의 감정만 기억에 지닌 채로,

비를 흠뻑 맞던 날은 말고
따듯한 바람이 늘 함께하던 날을 기억해.

'오늘도 행복하자가 아니라
오늘은 행복하자'라는 간절함

"내일은 다르겠지."
"언젠가 행복해지겠지."

미래의 시간도 오늘과 같을까 봐
오늘과는 다르기를 바라는 사람들의 주문.

"그래, 반드시 다르기를."
"반드시 행복해지기를."

나도 같이 바라고 또 바랄게요.

어려운 이야기

말하기 어려운 얘기를 해봐요.
용기 낸 마음을 들려주세요.
용기를 낼 때까지 기다릴게요.

책의 여백 보이죠?
지금 연필과 지우개를 들고 와볼래요?
여백에 한번 적어봐요.
아무도 보여주지 말고
누가 보는 게 두려우면 쓰고 지우면 돼요.

우린 누구나 그런 일을 겪어요.
눈 질끈 감고 인정해버려요.
잠잠해졌을 때 지워요.
이렇게 말하니 조금 나아지지 않았어요?

적어줘서 고마워요.
곧 극복할 일만 남은 거 정말 축하해요.

긍정

당신 인생, 나쁜 것만 가득했던 거 아니야.
자세히 보면 분명
버텨내게 했던 것들이 있었어.
불행만 했던 게 결코 아니야.

좋은 일과 나쁜 일이 따로 정해져 있다기보다는
내가 어떻게 받아들이느냐,
내가 어떻게 풀어나가냐의 차이가 아닐까요.

내가 나를 숨기고 다닐 때

나는 내가 다른 사람들이랑
성격이나 가치관 뭐 이런 것들이 많이 달라서
내가 참 못났구나 싶었거든.
자꾸 그런 생각이 커지고 커지니까
나를 숨기고 다니게 되더라고.

근데 어느 날 너무 힘들어서 그 정도만 하고 싶은 거야.
지치니까 돌아볼 수 있는 시간이 생기더라.

내가 그 사람들과 같아야 하는 이유는 과연 뭘까?
사람들은 과연 모두 다 같을 수 있을까?
내가 나를 숨기고 가릴 만큼 납득이 되는 이유일까?

기운 내봐요, 우리

여행을 가고 싶다는 건
순수한 목적을 제외한다면
지금의 현실, 현재 있는 곳을
마냥 떠나고 싶다는 뜻이다.

그러니 누군가 여행을 가자고 한다면
돈과 시간을 들먹이며 현실적인 조언을 하기보다는
"많이 힘들구나." 하며 다독거려주거나
마음이 맞아 같이 여행을 떠나준다면 좋겠다.

저 멀리 사라지고 싶었던 마음이
살아지고 싶은 마음으로 변하기를 바라면서.

간혹 사실을 거짓으로 바꿀 때

살다 보면 사실과 멀어지면 오히려
편할 때가 더 많아진다.
할 줄 아는 일 앞에서 모르는 척,
맞는 말 앞에서 '네, 당신이 옳습니다.'

그렇게 내가 나임을 포기할 때
불행히도 세상은 편해진다.

기념일에 무뎌질 때

기념일엔 꼭 무언가를 해야 해서
몇 주 아니 몇 달 전부터 마음이 들떠 있었다.
너무 많이 부푼 기대가 여러 번 터진 탓이었을까.
그저 어른이 되어가는 과정의 일부였을까.

요즘엔 기념일은커녕 생일도 잊은 채로 살아간다.
오늘만큼은,
이 글을 읽는 오늘은 아무 날이 아닐지라도
특별한 기념일이 되길 바라는 마음으로
나에게 '괜찮다.' '정말 축하한다.'
'충분히 잘해온 네가 대견하다.'
말 한마디를 건넬 수 있기를.

해피엔딩은 비로소
끝에 닿았을 때만 알 수 있는 거니까

최선을 다했음에도 결과가 좋지 않다면
당신이 덜한 게 아니라
당신을 판단하려던 그 찰나의 순간이 모르고 지나버린 거야.
네 탓이 아니야.
지나버린 건 무언가 잘못된 걸 아는 순간 돌아올 테니.

당신의 그 노력을 억울해하지 않고
매일 기도했으면 해.
포기하지 않는 마음을 잊지 않고 늘 기억하기를 바라면서.

늘 위로하는 당신이
위로받는 것에도 익숙해지기를 바라며

누군가에게는 술술 나오는 말을
자신에게 건넨다면 조금은 나아질 텐데.

슬플 땐 그냥 슬픔을 누려요.
당신이 슬픔을 다 이겨낼 때까지
곁에서 기다려줄게요.

힘듦의 기준은 저마다 다르기 때문에

네가 더 힘들어한다고
내가 안 힘든 게 아닌데

'난 힘든데 넌 왜 힘들지 않니?'라는 마음보다는
'내가 더 힘들 테니 넌 힘들지 않았으면.' 하는 마음으로.

당신의 꿈을 그리고 당신의 인생을 위해서

다른 누군가가 하지 못할 것이라
단정 지은 일들을 해낼 것.

다른 누군가에게 흔들리지 말고
나를 나답게 생각하고 가꾸며 살아갈 것.

마음에 없는 웃음을 흘리며 마음을 부정하지 않기를

나는 당신이 조금 더 독했으면 해요.
당신을 아프게 하는 모진 사람들에게 억지로 웃지도 말고,
시간 낭비가 뻔한 아슬아슬한 관계를 두고 두려워도 말고
결정에 앞서 차갑고 또 명확했으면 좋겠습니다.

질질 끌게 되면 온몸이 상처투성이가 되는 건 당신일 테니.

인간관계 청소

738개의 번호로 채워진 연락처를 보며
친하지도 않고 누구였는지도 흐릿한
324개의 번호를 지우고,
필요할 때만 찾던 괘씸함에 113개의 번호를 지우고,
내 마음을 얘기할 수 없는 281개의 번호를 지워버리면

조금은 깨끗해지지 않을까.
심란했던 내 감정들이.

지금 주변을 깨끗이 정리정돈 해야겠어.
너무 지저분하고 어지러우니.

시선의 차이를 두다

좋은 사람도 결국 내 사람이 아니면
그냥 사람이더라고.
내가 좋게 보는지, 그렇게 보지 않느냐의
차이는 꽤 크더라고.

누군가의 모습을 전부라 믿을 수는 있어도
전부를 볼 수는 없었다

마냥 행복해 보이는 사람이 있었다.
부러운 마음이 부풀어
그 사람과 가까이 지내고 싶었다.
그러면 나도 그 행복을 가까이할 수 있을 것 같다는
막연한 마음이 들었기 때문이다.

마침내 그 사람과 가까운 사이가 되었다.
그 사람은 친해지니
나에게 괴로움과 고민을 토해냈다.
처음 보는 모습이었다.

많이 아프다고 했다.
많이 울적해 보였다.
매일 행복한 사람은 없었다.
완벽히 행복할 수는 없었다.

말없이 그 사람을 안아주었다.

감정 다이어트

외롭다고 아무거나 먹었더니
배가 부른데 공허해. 텅 빈 느낌이야.

많이 먹어 배를 채우는 것보다는
어떤 걸 먹는지가 더 중요하단 걸 배웠어.

당신을 늘 마음에 두고 있어요

낮을 꼬박 기다려.

지친 당신을 안아줄 수 있는 우리의 밤이 길었으면.

그로 인해 당신이 편히 잘 수 있는 밤이 되었으면.

중요치 않은 관계에 감정을 쏟는 일은 하지 않도록

그냥 오해하게 놔둬버려요.
내 말보다 소문을, 겉모습을 파고드는 사람들이
내가 말한다고 정말 들어주긴 할까요?
아, 물론 내가 그런 사람들한테
굳이 알려야 하는지도 의문이네요.

적어도 당신을 아프게 하지 않을 좋은 사람

잘난 사람, 못난 사람을 따지지 말고

그냥 좋은 사람을 만났으면 해요.

day
after
day

편안한 관계

편한 관계가 요즘엔 정말 좋다.
굳이 신경 쓰고 애써야 하는 관계가 아니라
든든하면서도 불안하지 않은 그런 관계.

숨 막히는 관계들 속에서
자신의 숨을 불어 넣어줄 것만 같은 그런 편한 관계.

돌이킬 수 없는 상황을 막기 위해

사과할 일이 생긴다면 사과를 하는 게 맞아요.
사과할 기회가 주어졌을 땐
무언가가
뒤에서 당신을 붙잡고 앞에선 당신을 막으며
당신을 흔들겠죠.
당신 잘못만 있는 게 아니란 생각에 억울하기도 하겠죠.

그땐 기회라도 있었지만 그러다 때를 놓치면
남는 건 아무것도 없어요, 기회도 관계도 전부 다.

당신이 한 번만 마음을 깊게 들여다보고 행동한다면
상대도 마찬가지일 거예요.
상대가 당신과 다른 마음이라면 그땐 끝내도 좋아요.
그런 관계라면 남을 미련조차 아까우니.

감정 기복이 심한 사람을 멀리해요

볼 때마다 달라지는 감정을 지닌 사람이 있다면
가까이하는 걸 바라지 않는다.
행복과 불행을 번갈아 느끼는 것보다는
평범함이 더 나을 때가 많기에.

삶은 늘 반전의 연속이다

코끝이 찡해지는 추위를 참고
새하얀 눈을 보았을 때.
울다 지쳐 고개를 든 순간
별들이 반짝거리며 같이 울어주고 있을 때.
그날따라 더 지친 하루 끝에
안기러 오는 자식들을 보았을 때.

가시밭길을 걸어온 당신이 이젠
꽃길을 걸을 차례가 되었다는 걸 알려주는 것, 역시나.

감정은 계절을 닮아서

감정이라는 건 계절을 닮아서
춥기도 하고 따듯하기도 하다.

겨울이 춥다고 따듯해질 수 없듯
여름이 덥다고 추워질 수 없듯

감정이라는 건 계절을 닮아서
내 마음대로 하는 게 참 어렵다.

잠깐 현실을 벗어나서

현실적이란 건 살아가면서
실망하고 상처받는 일이 조금은 줄어든다는 말이겠죠.
근데 그것만 줄어드는 게 아니니까,
어쩌면 설렘도 기대도 모두 같이 줄어드는 거니까.

그러니 우리 조금은 이상적이길 바라요.
아주 조금이라도 좋으니.

나를 묻는 안부

미래의 자신을 살아갈 걱정에
오늘의 자신을 그냥 보내고 있지는 않은지,
소홀히 하지는 않는지.

한 걸음 아니 두 걸음

한 걸음 아니 두 걸음 떨어지면 조금 더 잘 보였을 것들을
한 걸음 아니 두 걸음 가까이, 너무 가까이 보고 있어서
다른 것들을 볼 수가 없었을 뿐이야.

지금이라도 알았으니 조금 물러나면 되는 거야,
몇 걸음만.

침묵은 무관심이 아닌 염려일 때도 있다

위로는 조심스럽다. 도움이 못 되어 당신이 더 힘이 들까 봐.
아님 상처에 힘겨워하는 당신에게 또 상처가 될까 봐.
당신을 염려하는 마음이 너무 커 위로는 조심스럽다.

다 보여주지 마

사람과 사람 사이의 적당한 비밀은
그 사람이 나를 섣불리 판단하지 못하게 한다.

모든 걸 다 보여주는 순간
모든 걸 다 안다고 생각하게 되고

그 순간 갑과 을은 정해진다.

소중히 하다 보면

당신이 시간을 소중히 했으면 좋겠어요.
그럼 자연스레 그 시간 속 함께한 모든 것
역시 소중해질 것만 같아서.
그날 마주친 사람,
날씨나 온도, 기분
뭐 그런 모든 것들요.

훗날 시간이 만들어준 그 순간들은
당신의 전부일 테니.

당신께 쓰는 어려운 편지

밥은 먹었어요?

조금 더 든든히 먹지 그랬어요.

벌써 우리의 하루가 끝이 보이네요. 오늘 하루는 잘 보냈어요?

많이 힘들었겠군요. 알아요, 지친다는 거.

내가 다 알지도 못하는 상황에서 이렇게 말하면

괜히 더 힘들 수도 있겠단 생각에 말하기 어려웠는데

당신이 혼자라 생각하고 있을 거란 게

느껴지니 그게 더 힘들더라고.

오늘 내 위로 한번 받아볼래요?

당장 다가올 내일이 또 걱정이 되죠?

어떤 걱정인진 자세히 모르지만, 내일의 일 역시 아무도 몰라요.

걱정이 많겠지만 또 깊겠지만

그 걱정들을 당신의 성장통이라 여겨

당신이 조금 더 성장하고 있다 생각해보면 어떨까요?

더 단단한 사람으로 말이에요.

걱정이 아니라 분노와 배신 뭐 이런 것들이라면
당신의 그 소중한 감정은 싫은 것들에
미워하기 위해 써야 하는 게 아니라
좋은 것들과 행복해지기 위해 써야 하는 거예요.

어떤 말로도 위로가 완벽히 될 순 없겠지만
당신이 좀 더 나아졌으면 좋겠어요.
그렇다고 너무 억지로 버티면서 상처 주진 말고요.
당신이 당신을 아프게 하면서까지 받아야 하는
상처라는 건 없으니까요.

제2장

내가 먼지만큼 작게 느껴지는 날

마음속의 주전자

우리는 마음속에
각자 하나씩 주전자를 품고 있다.
처음엔 물이 끓는 듯 그러지 않은 듯하다가도
어느 순간에 확 끓어버리는.

괜찮지 않아요.
아프고 힘들고 불안해요.
행복해지고 싶고 또 사랑받고 싶어요.
'삶이 기대되었으면.' 하고 바라요.

펄펄 끓는 온도가 식을 수 있도록 기회라도 줘야 하는데
요즘 사람들은 그저 주전자를 품에 안은 채
타인에게 들키지 않기 위해 애를 쓰기 바쁘다.
자기 몸에 화상을 입어
신음하면서도
신음하지 못한 채로.

당신의 그 말들에 멍이 들었다

열심히 했다.
당신들이 밤 속을 허우적거릴 때
밤의 속삭임을 이겨내며 노력했다.
고작 당신들에게 그런 소릴 듣고자
열심히 한 게 아니란 말이다.

가장 서러운

누군가 나를 보면 괜한 동정을 할까 봐
그게 싫어 화장실에서 울었다.
나는 동정받을 자격도 없다고 생각해서
찝찝한 공기가 역한지도 모르고 그렇게 숨죽여 울었다.

조금의 틈을 남겨둔다면

완벽이라는 게 나를 지치게 한다.
무언갈 지키려 너무 많은 무게를 지고 있다.

알면서도 놓아지지가 않는다.
아무리 좋은 말을 들어도 좋아지지가 않는다.

지금의 내 삶이 마치 닭가슴살과 같이 퍽퍽하다.

돌아올지도 모른다는 기대 때문에

오래된 서랍 속의 편지를 확인해보았다.

더 깊어진 사람
헤어진 사람
싸운 사람
연락이 되지 않는 사람

생각보다 많은 사람에게 편지를 받았었구나.
편지의 내용은 생생한데
정작 편지를 쓴 사람들은 여럿 떠났다.

그 사람들은 이 편지를 그리고 나를 기억할까?
나처럼 돌아가고 싶은 순간이 있을까?
나와 같은 마음일까?

괜한 미련 탓에 버리지도 못하고
다시 서랍 속에 편지를 넣어두었다.

이야기를 털어놓을 수 있는 사람이 아닌
마음을 털어놓을 수 있는 사람이 필요해

"내가 들어줄게."라고 말하는 사람이 필요하다.

작정이라도 한 듯 힘이 빠지는 날
그래서 위로가 필요한 날

내가 아닌 누군가를 달래다 남은 말이 아닌
부담스러운 눈치를 주는 듯한 말이 아닌
무작정 괜찮다고, 다 잘될 거라고 하는 말이 아닌
무언가 굉장히 벅찬 게 필요한 날.

'마음은 덜 주는 것'이라고 알고 있다면
당신은 이미 충분히 아픈 사람

진심을 내보이며 나의 아픔을 보여주면,
나의 바닥을 보여주면
당신이 짧게라도 날 안아줄 줄 알았어요.

한 번 더 나의 바닥을 밟고 지나칠 줄은 꿈에도 모르고.

그 뒤로는 사람을 잘 믿지 않아요.
아니 사람을 잘 믿지 못하는 게 더 맞는 표현인 것 같아요.

그 어떤 진심을 주는 사람이라도
그대로 받아들이지 못하고
의심과 불신을 마구 퍼붓게 되는

나도 이런 내가 좋지만은 않은데
마음을 연다는 게 정말 힘겨워요.

물론 가장 어려운 건 평범이기도 해

달달한 바람결에 취하고
잔잔한 노래가 마음을 울릴 때.
기분 좋은 햇살이 나를 적시고
보이는 건 다 편안해서 잠이 솔솔 올 때.

이런 일상들이 소중하게 느껴진다면
당신 조금 쉬었으면 해.
아주 평범한 것들에 감사하다는 건
평범보다 못한 삶을 살고 있다는 뜻이기도 하니까.

내 사람과 내 사람인 척하는 사람

'와 정말 예뻐졌다.'
'잘 지냈어?'
'연락 좀 하고 살지. 너무 오랜만이다.'
'언제 만나서 밥 한번 먹자.'

그래.

정말 반가웠더라면
먼저 연락했겠지.

정말 반가웠더라면
정확한 약속을 잡았겠지.

너도 안 한 걸 왜 내가 하길 바란 건지.

진심인 내가 조금은 덜 상처받기를 바라며

적어도 우리가 알게 된 지금부터는
내 사람까지는 바라지도 않을 테니
내 진심을 쉽게 밟고 갈 사람만 아니기를 바라요.

그저 미지근할 뿐이다

누군가를 만나 펄펄 끓던 내가 그립다.
요즘은 누굴 만나든
무얼 하든 그저 미지근할 뿐이다.
그리운 사람들은 많아지는데
새로운 사람들은 줄어든다.
계속 나를 흔들어대는 의미 없는 무료함이
너무나도 외롭다.

나도 감당하기 벅찬데

내가 내 기분 하나를 제어하지 못하는데
남 기분까지 맞춰주려 하니까 더 힘든 거지.

가끔은 감정이라는 게 차라리 없었으면 해.
흔들리지도 괴로워하지도 않았으면 해서.

그저 주변 사람만 많을 때

주변 사람들이 많음에도 불구하고
불행할 때가 있다.
나로 인해 그 사람들 역시나 불행해질까 봐,
부담을 줄까 봐 마음을 열기가 두렵다.

설령 투정 부리고 싶은 마음에 얘길 꺼내게 된대도
그들이 바라보는 게
내 약점일지 내 마음일지가 의문일 뿐.

낡은 천장이 꼭 내 마음과 같아서 눈을 감았다

적막이 맴도는 방안에
홀로 누워 누레진 천장을 바라보면
마음이 편하면서도 외롭다.

아무도 바라봐주지 않는 지금,
누군갈 알아가고 싶지도 않은 지금.

지우고 싶었다, 지워도 기억될 것들을

좋은 기억은 자꾸만 사라지는데
나쁜 기억은 자꾸만 선명해져서

기억을 지우고 싶었다.
아픈 기억들이 다 잠잠해지기를 바라며.

기억을 지우는 방법은 없었고
설령 있다 하더라도 어딘가
마음 깊은 자리에서 기억할 것만 같았다.

거절은 뚜렷하게

선을 잘 긋지 못하는 성격 탓에
나오는 상처를 혼자 감당해야만 했다.

알면서도 바뀔 수가 없다.
바뀐다는 건 힘들다.

조금 더 현명한 선택을 할 수 있는 당신이 되기를

내가 넘어졌을 때 나를 일으켜주기 위해 뻗는 손과
비웃음을 가리기 위해 입을 막는 손과
대놓고 손뼉을 치는 손을 반드시 기억했으면 해.

어떤 손을 잡아야 하는지 분명하니.

마음을 주는 일을 조심해야 한다

누군가를 소개받을 때 따라오는 말이 있다.
"좋은 사람이야."
"얘가 참 착하거든."
초면인 그 사람을
말 한마디로 다 알 수는 없으니
그 말엔 신빙성이 떨어진다.

시작은 중요하고 관계는 더 중요하다.
소개해주는 사람에겐 좋은 사람일지라도
나에게 좋은 사람일 거라는 보장은 없다.
관점은 저마다 다를 수 있다는 걸 기억하고
마음을 주는 일을 조심해야 한다.

말을 해주길 바라요

이유를 설명하는 일은 중요하다.
이유를 설명하는 일을 하지 않고
이해를 바라는 행동은
욕심과 이기심일 뿐이라는 걸.

그로 인해 상대가 힘들 수 있다는 걸
간과하는 것일 뿐이니까.

그럴수록 더 힘든 건 상대와 나 자신이라는 것을

틀어지고 깨져버린 관계를 돌이키려 애를 쓰는 일은
죽은 꽃에 하염없이 물을 퍼붓는 일과 같다.
이미 시들어 죽어버린 걸 알면서도
흙이 물에 못 이겨
녹아 흩어지는 걸 확인하고서야

"아, 정말 죽었구나."
혼잣말을 되뇌며
비극을 자초해.

상처를 두 번 받는 일은 하지 않길 바란다.

억울할 땐 보이던 것도 보이지 않게 한다

자격지심 같은 건 절대로 느끼고 싶지 않았는데
억울하고 초라하다.

당신에게 쉽고 아무것도 아닌 일이
왜 나에겐 어렵고 죽도록 노력을 해야만 하는 일인가 싶어서.

내가 보지 못한 당신의 노력들이 쉬웠던 건 아니었을 텐데.

과거를 들추는 사람과는 미래가 기대되지 않는다

굳이 내 아픈 상처를 달그락거리며 꺼내려는 사람이 있다.
자신의 궁금증으로 나를 아프게 한다.
내가 아프고 힘든 건 생각도 않은 채로.

신경 쓰고 싶지 않은 것들이 너무나도 많은 날

손톱 옆의 손가시처럼
풀려버린 운동화 끈처럼
얼룩진 셔츠처럼
튼 입술 사이의 껍질들처럼
거슬리는 일들이 너무나 많다.

신경 쓰고 싶지 않지만 신경이 쓰이는.

눈덩이 굴리듯 커져만 가는

내가 지치는 이유는 사소한 불행이 아니라
겹치는 불행 때문이다.

괜찮지 못한 내 마음을 찾아내는 사람을 만나고 싶다

"난 네가 별말 없길래, 정말로 괜찮은 줄 알았어."

너와의 관계를 생각해서 참은 일인데
정말 괜찮은 줄 아는
당신이 밉다.

내가 가장 듣고 싶은 말

솔직해지고 싶다.
난 남들에겐 "많이 힘들었지? 괜찮아?"라고
수없이 물어봤지만
정작 나에게 "많이 힘들었지? 괜찮아?"라고
물어본 적은 없었다.

누군가에게 묻는 안부는 어쩌면
내가 가장 듣고 싶은 말일 수도.

너는 웃고 있지만 나는 네가 슬픈 걸 알아

낮에 사람들 틈에 있으면 아무렇지 않다가도
밤이 찾아와 혼자가 되면 슬픔이 나를 두드린다.

적막해서라며 애꿎은 밤을 탓해보지만
문득 그런 생각이 들었다.

낮에 아무렇지 않다던 게 정말 아무렇지 않았던 걸까?
그 아무렇지 않다던 모습이 정말 내 모습이었을까?

확실하지 않은 것들을 언급하는 사람들을 신경 쓰지 마

뒤에서 험담할 거면 내가 듣게는 하지 말지.
그럴 거면 차라리 앞에서 하는 게 낫지.

아, 아니다. 당신이 나를 들먹일 자격은 되는지
되돌아보는 시간을 가지는 게 더 필요하지 않을까 싶다.

그런 사람을 옆에 두지 마.
네가 옆에 없을 때 그 험담의 주인공은 네가 될 테니.

같은 세상 다른 하늘

우리의 세상은 분명히 공평하다.

돈 있는 사람들은 고층건물에 살고
돈 없는 사람들도 끝없는 오르막길에서 헐떡거리며 산다.
우리는 모두 높은 곳에 산다.

돈 있는 사람들은 꿈이 없어도 길이 있고
돈 없는 사람들은 길을 걷기 위해 꿈을 접어야 한다.
우리는 모두 길을 걷는다.

돈 있는 사람들은 죄를 덮을 수도 있지만
돈 없는 사람들은 죄가 인생을 덮기도 한다.
우리는 모두 죄가 있다.

우리는 참 공평한 세상에 살고 있다.

너무 많은 생각은 좋지 않아요

어떤 일에 앞서 떨려오는 불안함은
막상 일이 벌어지고 나면
생각했던 것보다 덜 아프기도 하다.

생각이 너무 아팠어서.

이기적인 사람들

나에 대해 아무것도 모르는 사람들이
내 겉모습만 보고 기대를 하고,
부푼 기대가 터질 지경에 다다르면
"아, 아니었구나."라고
자신들의 경솔함을 인정하는 듯한 말을 뱉으며
떠나버리는 이 관계가 이젠 지친다.

내 모습을 보여주려고 해도
내 모습은 빼놓고 본 게 당신들인데
그래놓고 왜 날 함부로 판단하는 얘기들에
아픈 건 내 몫인지.

마음과 다른 얼굴을 보이는 일

나이가 들면 사람들이 보인다.
없는 변명을 만들어 거절하는 사람들,
요령을 피우는 사람들,
그게 가짠지 진짠지 다 구분할 줄 알면서도
참고 묵념하는 사람들.

그게 가끔 무섭기도 하다.
하지만 더 무서운 건
스스로 이런 곳에 물들고 있다는 것.

선물이 아닌 선물

나를 위한다는 포장지를 두르고 도착한 선물들은
정말 나를 위한 것들일까.

의문이 생긴다.

마치 꽃 알레르기가 있는 사람에게
꽃을 선물한 것처럼.

그런 사람이 된다는 게 지겨워

속상해도 참고, 울고 싶어도 삼키고, 서운해도 넘기고
말하고 싶어도 웃으며 대하다 보니
착하다더라.
속이 깊다더라.
역시 나답다더라.

그만하고 싶다, 그런 사람.

잎이 다 떨어진 꽃엔 관심이 없듯

남을 위해 나에게 소홀해져서 늘 미안했는데
정작 그 남이라는 사람은 날 알아주지 않았다.
늘 미안했는데도 또 미안할 게 생긴 것만 같아
더 미안했다.

마음에 두었던 다짐을 매일 꺼내며

힘들 때 사랑하는 사람을 떠올리며 버텨가기엔
너무 착한 당신이 가엾다.

힘들 땐 힘들게 만든 사람을 떠올리며
버텨나가야 한다.

두 번 다신 엮이지 않겠다는 마음으로
극복해나가야 한다.

억지스럽게도

잘해주고 소중히 대해주는 건
당연한 게 아닌데 당연하게 여긴다.

반성해야 할 건 그 사람들인데
잘해주고 소중히 대한 나 자신을 반성하게 된다.

괜찮지 못한 것들에 대해 내 감정을 누른 것일 뿐

아무렇지 않은 게 아니라
아무렇지 않은 척을 잘하는 거다.

더 비참해질 뿐이니까

상처를 준 사람에게 내 상처를 보여주지 말아요.
상처를 준 사람은 내 상처를 보여줘도
어차피 그게 상처인지 몰라요.

내 생각을 조금이라도 했던 걸까

화가 누그러졌다 해서
괜찮다는 게 아니었는데.

화를 참은 건 끝낼 관계가 아니라
이어갈 관계였기 때문이었는데.

당신을 잃기 싫었던 내 마음을
왜 흔들리게 만드는지.

늘 나만 아픈 것 같은

관계라는 게 그렇더라.
좋아하면 할수록 따라오는 감정들은
그 좋음과 참 상반적이더라.

불안함, 실망감, 허탈함, 섭섭함.

그런 감정들을 마구 맞으면서도
덜 좋아할 수는 없는 게,
중간은 참 어려운 게 인간관계더라.

상황

차라리 내가 미쳐버린 거라면
이렇게 미쳐버릴 것 같은 상황들이 다 이해갈 텐데.

타인의 속마음을 알아차리는 일

어렸을 땐 사람의 마음을 읽고만 싶었다.
나를 어떻게 생각하는지
기대되었고, 궁금했다.
시간이 흐른 후 지금의 난
더는 기대가 되지도, 궁금하지도 않게 되었다.

다른 사람들이 나를 어떻게 생각하는지 두려워졌다.
그 두려움은 내가 극복하지 않는 이상
끝까지 나를 따라오겠지.

사람의 마음은 절대 알 수 없는 거니까.

적당한 관계 유지라는 건

"너만 그런 게 아니라 다 그래."

위로인 듯 위로 아닌 말을 들었다.
그 말을 듣고 싶었던 게 아니었는데
이상하게 더 힘이 빠지면서 심란해졌다.
어렵게 꺼낸 진심들이 무색해졌다.

타인을 단절한 채로 살아갈 수는 없는데
적당한 관계 유지라는 건 더 막막하다.

마음 한쪽을 접으면 상처받을 자리가
조금은 줄어들지 않을까

말하고 나면
마음이 조금 나아질 줄 알았던 일들이
더 아프게 느껴질 때.

화보다 더 무서운 건 실망임에도 불구하고

따듯하게 대해주려 했다.
내 소문을 함부로 퍼트리고 뒤에서 헐뜯는 이들에게
따듯함이라는 건 과분했다는 걸.
그러면 오히려 더 쉽게 볼 뿐이더라는 걸.

포기하기로 했다. 그 관계들에
더 이상 따듯해지고 싶지 않았다.

그래, 마음껏 나를 뜯으라고 해.
당신들이 뜯는 나는 진짜 내가 아닐 테니.

거짓말을 하는 당신

거짓말은 되도록 하지 말았으면 해요.
순간의 위기를 모면하기 위한 그 선택이
신뢰를 깰 뿐만 아니라 그로 인해
상대를 놓칠 수 있음에도 불구하고
계속 되풀이한다면
결국, 당신 곁엔 아무도 남지 않을 거예요.

진실은 어차피 화려하지 못해서
당신이 애를 쓰고 부풀릴수록 더욱 선명해질 테니.

달았던 사탕과 관계

달달한 사탕이 고파서 사탕을 골랐다.

내가 좋아하는 맛이었기 때문일까.
입안에 퍼지는 그 달콤함 때문일까.

기분이 좋을 무렵
입속에서 피가 났다.
둥글었기에 날카롭다곤
전혀 생각지 못했는데
방심했던 때라 더 아프게 느껴졌다.

기분이 더 이상 좋지 못했다.
달콤할 때가 좋았는데
더 이상 달달함에 집중할 수 없었다.
다시 베일 것만 같아 겁이 났다.

인간관계도 비슷하다.

불안한 마음만 가득해서 제대로 쉴 수조차 없어

쉬고 싶은데
쉰다는 게 마음이 편하지가 않아.

달리기 경기 도중
나 혼자만 주저앉은 것 같아서 그게 또 뒤처질 것 같고,
그렇다고 뛰긴 너무 힘들고, 끝은 보이지도 않는.

악순환의 반복

기대는 매번 착각으로 끝이 나버린다.
되풀이되는 악순환이 버거워
'기대를 하지 말아야지.' 하는 마음을 먹다가도

나도 모르게 기대를 하게 되는.

Love

한쪽으로 치우치지 않고 나란히 걸을 수 있다면

친구랑 사소한 일로 싸웠을 때
나는 걔라는 친구가 한 명인데
걔는 나 말고도 다른 친구가 많아서
날 안 그리워하나 봐.

걔 말만 무조건 맞다는
다른 친구들의 위로를 받으면

그 위로들이 쌓여 사실을 흐리게 만들고
가려진 사실과 다르게 보인 거짓은
꼭 진실처럼 퍼지니

동등해야 할 친구 사이에
늘 묘한 갑과 을은 정해져 있더라고.

본심은 그게 아닌데,
아니었는데 자꾸만 거짓말을 하게 된다

내가 좋아하는 꿈이라는 이유로
내가 사랑하는 사람들은 배제해놓고
온전히 내 꿈만 신경을 쓸 만큼의 용기가 없다.

다짐을 하고 다시 다짐이 깨지고, 또 반복

끝없이 많은 상처를 받았음에도 불구하고
"이번엔 정말 마지막으로 믿어볼까?"
라는 생각이 들게끔 하는 사람이 있다.
당신을 무엇보다 믿거나 좋아한다는 마음보단

제발 당신만은 아니기를 바라는 마음으로,
더 무너지고 싶지 않은 마음으로.

제3장

당신과 진득하고 싶어요

너를 녹이고 싶은 지금

예쁜 꽃을 보면 사주고 싶다는 생각에도
매 순간 당신이 보고 싶은 마음에도
걱정이 되어 다그친 그 한숨에도

아마 당신을 사랑한단 말들이 숨겨져 있을 거예요.

당신을 만나서 정말 다행이야

삭막한 내 하루들에 네가 찾아왔다.
시들어 바싹거리던 나에게
너는 촉촉한 물기가 되어 스며들어주었다.

예쁜 당신에게 해주고 싶은 예쁜 말

여전히 거짓 없는 어린아이와 같은 눈을 하고
사랑한다 말해주는 당신이 예뻐요.
비춰진 내 모습도 예쁘게 보일 만큼.

예쁜 당신과 예쁜 하루를 보낼 수 있다는 게
얼마나 큰 축복인지.

비가 내려도 예쁠 것만 같고
간질거리는 바람조차도 예쁠 것만 같고
당신 주변의 모든 것들은 당신을 닮아 예쁠 것만 같아요.
이대로 당신과 나의 마음도 낡지 않고
쭉 예뻤으면 해요.

끝이 오지 않기만 바라요

서로 다른 우리가 어떻게 싸우지 않을 수 있겠니.
싸우지 않는다는 건 분명 한쪽이 더 배려하고 있다는 걸 텐데.
우리 사이가 불과 같이 달아오르는 건 바라지 않을 테니
식지만 않는다면 그걸로 돼.

사랑은 말이 아닌 느껴지는 것

그런 거 있잖아.
내가 말하기도 전에

"얘 이런 거 못 먹어요."
"얘 이러면 안 되는데."
"못하는데."

나를 알아주는 당신이 좋아.
나를 챙겨주는 당신이 좋아.
그게 당신이라 더 좋아.

계산 없이, 후회 없이

사랑해요. 미친 듯이
아파도 해보고 자존심 다 버리고 매달려도 보고
계산 없이, 후회 없이 사랑해봐요.
그런다고 죽진 않아요.
끝나고 나서 아껴둔 마음들이 나를 따라와
아른거릴 때가 더 죽고 싶겠죠.

최선을 다해 사랑해봐요.
적어도 끝이 찾아올 땐
다 준 만큼 홀가분할 테니까.

온통 너로 물들기 시작했다

사랑을 받는 일이 어렵고 서툴다.
간질거리는 이 느낌이 싫은 건 아닌데
자꾸만 의심을 하게 된다.
내가 이렇게 과분한 사랑을 받아도 되는 건지
자꾸만 의문을 가지게 된다.

그래도 당신을 만나 정말 사랑이란 걸
알아간다.
믿어간다.

깊어진다.

혼자 피식 웃었어,
온통 당신 생각으로 이어지는 것 같아서

막연히 그리고 문득
나의 끝이 궁금할 때가 있다.
아무것도 남기지 못하고 가는 건 아닐까.
회상과 후회들에 아쉬움만 안고 가는 건 아닐까.

급격히 우울해지던 그때,
딱 한 가지 위안이던 건
당신을 만났다는 것.

그 자체만으로
나의 끝은 나름 괜찮을 것 같기도 해.

늘 사랑한다 속삭여주는 사람보다
그 말을 지킬 수 있는 사람과

설렘은 없지만 사랑은 하는 우리.
비록 이 말이 모순된 불일치일지라도.

당신과 함께 걷는단 마음으로

내가 걸어가야 할 길에
당신이 하늘이고 꽃이고 나무였으면 합니다.
비가 오고 돌부리에 걸려 넘어지더라도
당신 생각에 웃으며 다시 잘 걸을 수 있게
당신을 내 길 곳곳에 남기고 싶습니다.

2해

이해는 혼자 하는 것이 아니라
둘이 함께하는 것이다.

네 마음이 예뻐서

비싼 가방,
좋은 화장품,
근사한 레스토랑이
단 한 순간도 부럽지 않게 해준 네가 고맙다.

먹고 싶다던 떡볶이와 순대를 기억해 사줄 줄 알고
"너 발 시리면 글 잘 안 써지잖아."라는 말로
고개를 숙여 양말을 신겨줄 줄 알고
다 떨어진 머리끈은 언제 봤는지 말없이 사다주고
꼭 데려다주고 늘 함께해주는,
다른 사람들의 부러움을 받게 해준 네가 고맙다.

당신 발

편한 신발 같은 사람을 만나고 싶다
발이 까질 일도 없고 아파할 일도 없게
편하고 딱 맞아서
매일 찾고만 싶은 그런 신발 같은 사람.

솔직한 연애를 하고 싶어요, 당신과 함께

사랑하는 사람의 보고 싶지 않은
얼룩은 얼른 지워버리세요.
시간이 너무 흐르면 더 지우기 힘들 테니까.

헤어질 사이가 아닌 거라면
계속 보이는 자국에 당신만 힘들어질 테니까.

서운함은 무작정 참고 숨기는 게 아니라
말할 줄 알아야 하는 거야.

당신의 사소한 부분까지 사랑할 줄 아는 사람

사소함에 감사할 줄 아는 사람을 만나세요.
"뭐 저런 일까지 고맙다는 거지?"라는 생각이 들 만큼
사소함을 챙기는 사람.

적어도 그런 사람은
사소한 일로 당신을 속상하게 하진 않을 테니.

그런 게 사랑

이해가 가기도 하고 이해가 가지 않기도 하고
화가 나기도 하고 화가 금방 식기도 하고
별것도 아닌 것에 속상하고
별것도 아닌 것에 행복한 것.

당신을 알게 된 사실보다 더 큰 행복이 있을까?

눈이 내리길래
추운 줄도 모르고
손이 시린 것도 잊고

너에게 전화를 걸었어.

사람들이 다 보는 거리에 서서
어린아이같이 들뜬 목소리를 마구 울려대면서
눈이 온다고 알려주고 싶었어.
예쁜 건 같이 보고 싶었어, 너랑.

당신에게 존재하는 그 색들이 세상의 색을 닮아
당신은 나의 또 다른 세상이었어요

내게 당신이 어떤 색을 닮았느냐고 물었죠.

일에 집중하는 모습을 볼 때면 빨강을 닮기도 하였고
마치 오렌지처럼 실까 달까를 고민하게 하던
주황을 닮기도 했어요.
가끔은 보듬어주고 싶은 병아리처럼 노랑을 닮기도 하였고
마냥 마음이 편안해져서 내가 기댈 수 있는
초록을 닮기도 했죠.
서운한 감정에 토라질 땐 잡힐 듯 잡히지 않는
파란 하늘 같기도 했고
어려운 일을 행여나 짐이 될까 봐 말하지 않는 모습은
남색 같기도 했어요.

사랑한다면 그 사람은 전에 만났던 그 사람이
아니라는 것을 알고 믿어야 해

더 이상 사랑하고 싶지 않았다.
더 이상 상처받기 싫었기에.

맺고 끊는 관계에 더는 울기 싫어
정을 주는 일을 포기 하고 싶었다.

내 다짐들이 당신을 만나고 난 후 소용이 없어졌다.

오래 보고 싶다는 고백

내 머리 위로 흰 눈이 가득 물들었을 때,
내 얼굴 사이로 주름진 삶을 회상할 수 있을 때,
내 걸음걸이가 달팽이와 나란히 할 수 있을 때
내 곁에 당신이 함께이기를.

매일 사랑스러운 네가 슬픈 표정은 짓지 않길 바라

사랑하던 사람이 떠났다고 해서
이제 네가 사랑을 받지 못하는 건 아니야.
넌 그대로 사랑받을 자격이 있고
분명 사랑을 받을 거야, 어쩌면 더 많이

대상이 달라졌을 뿐이지,
넌 늘 사랑받을 수 있어.

‘적당히’라는 말은 당신께 모순이죠

모든 것에는 ‘적당히’가 있지만
꼭 그렇지만은 않다는 걸 당신을 통해 알았어요.

꽃은 예쁘면 예쁠수록 더 좋으니까.

마치 당신과 같이.

손을 놓는 게 아니라 손을 잡고 맞춰가고 싶어

우린 대화가 부족했던 거야.
서운한 게 너무 많은 데에 비해
대화가 너무 없었던 거라고.
사랑하지 않았던 게 절대 아니라고.

자존감을 지켜주는 것만으로도 모자라
자존감을 높여주는 사람

진짜 너를 사랑해줘야 해.
무언가로 꾸며져 화려한 네가 아닌
자연스러움이 가득 묻어나오는 네 모습 말이야.

그런 모습으로 사랑도 받아야 해.
그런 사랑은 꾸며진 사랑이 아니니까.

설령 결함이 보이더라도
그 결함마저 채워준다며 더 사랑해주는 사람.
그것도 모자라 늘 예쁘다 웃어주는 사람.
네가 울 땐 같이 울어줄 수 있는 사람.
꾸며진 너의 모습이 아닌 민낯인 너의 얼굴에
볼을 비비며 오늘도 사랑하는데
내일은 더 사랑할 것 같다고 말해주는 사람을 만나.

정말 네 모습을 원하는 그런 사람.

매일은 아니더라도 자주 행복하게 해주고 싶어

빛나지 않아도 괜찮아.
굳이 빛을 내려 하지 않아도 빛이 나는 너인데
더 빛을 내겠다며
힘을 빼다
축 처진 널 보는 게 더 힘들기에.

나는 네가 딱 지금처럼만 빛났으면 해.
설령 빛을 잃더라도 예쁠 사람아.

우리 뭐든지 함께

당신이 넘어지면 같이 아파하고 싶어요.
당신이 꿈을 포기하고 싶은 순간마다 지켜주고 싶고
당신이 맞는 비에 우산을 펼쳐주고만 싶어요.

예쁜 건 뭐든지 당신 것만 같고
늘 당신이 사랑하는 것들에
내가 있길 바라요.

고백 그리고 진심

있잖아,
물이 마르고
해는 영원히 잠들고
달과 별은 빛을 잃어 길을 헤매고
바람이 마구 흔들고 괴롭힌대도

나는 너를 사랑할 것 같아.

너와 함께한 겨울

마음이 따듯한 사람이었다.
추운 겨울을 좋아하는 것이 어울리지 않을 만큼
그 사람은 그렇게 따듯했다.
나도 따라 겨울을 좋아하게 되었고,
그 사람은 겨울이 차다는 것을 잊을 만큼
나를 안아주었다.

그 사람은 겨울도 따듯할 수 있다는 것을
내게 가르쳐준 사람이었다.

제4장

잊힌 건 네가 아니라
널 잊겠다던 내 마음이었다

너는 거기 서 있고, 나는 여기 서 있다

이미 지나버린 일 뭐 어쩌겠느냐는 말.

그래, 당신만 지났지.

난 아직도 그 자리에 서 있고.

사랑이 아닌 사랑을

바삐 계산질을 하던
내 모습을 사랑이란 이름으로 둔갑시켜
왜 너를 힘들게 했을까.

사랑이 아닌 사랑을 사랑이라 믿고 싶었던 걸까.

알고 나서는 늦다

그 사람의 부재가 너무나 고통스러울 때,
그 사람의 목소리가 너무나 그리울 때,
그 사람의 이름만 들어도 가슴이 떨려 울고 싶을 때.

내가 살아온 시간은 정말 짧다면 짧은데
당신이 떠난 후의 시간은 정말 길고 또 길군요.

결국, 내가 당신을 너무 사랑했다는
아니, 사랑하고 있다는 증거겠죠.

딱 정해져 있는 만큼만 사랑했더라면 좋았을걸

사랑이 가득 차서 흐르는데도 불구하고
계속 너를 사랑했다.
너의 채워지지 않은 마음마저
내가 다 채우고 더 채워서 사랑하려고 정신을 파느라
끝이 다가온다는 사실을 알지 못했다.

이별은 따라오는 아픔도 사랑만큼 크더라.
너를 적당히 사랑했더라면
우리가 끝이 난 후에도
내가 적당히 아팠을 텐데.
너를 적당히 그리워했을 텐데.

내 마음을 쥐었다 폈다 할 수 있는 사람은
내가 아닌 너인가 봐.
난 '적당히'가 안 되는 걸 보니.

설렜던 모든 것들이 하나둘씩 쉬워질 때

네가 변했다는 사실은 하나지만
그로 인해 드는 생각은 수없이 많다.

어쩌면 이기적

내가 상처받는 일이 두려워
내 상처에만 집중하다 보니

내 상처를 다독여줬던 너한테
내가 상처를 주고 있다는 사실을 잊게 되더라고.

우리만의 사계절

Q.

우린 헤어졌어요.
함께 사계절을 보냈던 그 사람 때문에
난 그 사람과 함께이던 계절에 익숙해져 있는데
어떻게 잊죠?
보고 싶으면 보고 싶다는 말만 하지 말고
내가 먼저 만나러 가볼걸.
섭섭한 거 직접 만나서 얘기해볼걸.
남은 건 미련과 후회뿐이네요.

오늘 당장 잊고만 싶어요. 마음이 너무 아파요.

A.

익숙해진다는 건 참 무섭죠.
마음을 더 아파하셔야겠어요.
오늘 당장 잊는 건 불가능하니
사계절을 함께한 사람인데
한 계절이 지난다 한들 어떻게 잊히겠어요.

사랑이었을 텐데.

분명한 건 생각만 하면 완벽히 놓친단 거죠.
지금도 여전히 생각만 하고 있는 건 아닌가요?

추운 날 따듯한 음료를 사러 다녀오는 그 짧은 시간에도
"많이 기다렸지?"라고 말해주던 사람이

"이따 연락할게."

예전엔 헤어짐의 끝에서 늘 아쉬운 채로
빙빙 돌기 바쁘던 사람이
이젠 내가 귀찮은 것만 같이 행동한다.
내가 오래 기다린 상태고
그 말을 듣고 또 기다릴 걸 알면서도

나와 멀어진다, 점점.

당신에게 준 마음이 절대 쉽지 않았는데
자꾸 주니 마음을 쉽게 보더라고

배려하고 참았기에
우리의 연애가 길어진 거지.
결코 사랑만 있어서가 아니었는데.

배려와 인내가 바닥이 날 때 즈음
넌 끝까지 네 생각만 하느라
날 한 번을 봐주지 않았고
적립이라도 된 듯 밀려온 실망에 난 숨이 막혀버렸다.

네가 나를 한 번이라도 아쉬워했으면
나는 백 번을 더 아쉬워했을 텐데
어찌 한 번을 안 봐주는 건지, 넌.

늘 우리가 잊는 사실

갖고 싶은 걸 가지려다
가지고 있는 걸 놓쳤지.
가지고 있던 게
과거의 내가 미치도록 갖고 싶어 하던 것이었단
사실은 잊은 채로 말이야.

새로운 무언가 접하는 것도 중요하지만
지금 가지고 있는 것에 소홀해지지 않는 것도 중요해요.

울어야 할 사람은 당신이 아니라 당신을 놓친 사람

그 사람이 당신을 놓친 사실에 대해
땅을 치며 후회할 수 있게
더 이상 울지 말고
더 멋진 사람이 되어봐요.

어차피 너무 사랑했다면
떠나지 않을 사람이었을 거예요.

그저 흘려들었다는 걸
너 스스로 입증하기라도 하는 듯

헤어지는 이유를 모르더라.
도대체 갑자기 왜 이러느냐고.
수십 번 아니 수백 번은 더 말했는데
그 말을 들으니
노력했던 내가, 너를 믿었던 내가
한순간에 물거품이 되더라.

상처를 준 사람이 잘못한 건데
늘 아파하는 건
상처를 받은 사람
늘 괴로워하는 건
더 많이 사랑한 사람 몫.

오늘이 마지막인 것처럼 사랑하기를

"다음번에 꼭 가자."

다음에 가자는 말이 많아질수록
상대방과 함께할 수 있는
오늘은 줄어든다는 것을.

시간이 지나면 정말 당신이 희미해질까 봐

"괜찮아. 시간이 약이잖아."라는 말이 더 슬프다.
시간이 지나면 정말 괜찮아질까 봐,
괜찮아지면 그만큼 당신이 더 희미해질까 봐.

끝이 나니까 이젠 그 좋지 못했던 감정들조차 그립더라.
그마저도 괜찮으니 돌아가고만 싶을 만큼 정말 그립더라.

이별의 발걸음

우리는 서로 말이 없어졌고
뜨겁지 않았으며
목을 매는 일은 뜸해졌고
그저 눈치만 살피는 일이 잦아졌다.

마지막은 늘 알아차리기 어렵다

가끔 그럴 때가 있다.
평소와 별다를 바 없던
그 만남이 마지막이 될 줄은 몰랐을 때.

더 웃어볼걸.
더 집중해볼걸.
끝은 깨우치면 아쉽다, 늘.

당신이 없는 나를 생각해본 적 없기에
당신이 없는 지금의 나는 내가 아닌 것만 같아

얼굴을 보면 마음이 약해질 것 같다는 말로
카톡이 한 통 왔다.
'이제는 헤어지자.'

SNS와 우리 추억들을 지우는 데
3년을 사귀어도 3분이 걸리지 않더라.

나와 다르게 넌 참 지울 게 많아 보이더라고.
프로필도, 추억들도.
솔직히 이별이 실감 나질 않아서
조금 구질구질하지만
모두 새로고침을 반복하며 지켜봤어.
네 프로필 속의 내가 서서히 사라져갈 때마다
마음 한편이 저리더라고.

언제부터였을까.

귀찮다는 말을 앞세우며

굳이 티를 내야겠냐고 다그쳤던 나와

사라지던 네 흔적들이,

그 순간들이 정말 언제부터였을까.

너도 그렇게 아팠을까, 지금의 나처럼.

먼저 선을 그어버리는 관계

딱 그만큼이라는 말은 슬프다.
마치 우리 관계에 발전은 더 이상 없고
서로 알아가기도 전에
더 끌릴 수 있는 것들을 제재하기라도 하는 듯이.

늘 한 사람은 '미안해'하기 바쁘고,
다른 한 사람은 상처를 가리며 '괜찮아'하기 바쁘다

"도저히 이젠 안 되겠다. 미안해, 널 감당하기가 힘들어."

마치 하늘에서 떨어지던 눈 같았다.
찰나의 순간이었다.
예쁜 네가 뱉은 그 차가운 말이 나에게 녹아버렸다.

"네 마음을 조금 더 넓혀서 날 감당하면 안 돼?"
이기적이었다. 잡고만 싶었다.
끝일 것만 같아서 아무 말이나 내뱉었다.
넌 마지막까지 이런 내 모습을 예상했다는 듯
씁쓸한 웃음을 보이며
떠나가버렸다.

난 늘 이런 식이었다.
난 이제야 아프기 시작했고
넌 이제는 아프지 않은 것 같았다.

나를 서서히 잃어갈 때

'우리'의 관계인데 어느 순간부터
'너'의 관계가 되어
너에게 끌려다닌다.
나의 모습은 잊은 채로.

'무얼 하지 말아야지.' 다짐할 때는
이미 하지 말아야 할 것들을 하고 있다는 증거

끝난 사람은 말 그대로 끝난 거야.

해주지 못한 것들만 생각나서 미안한 감정들,
섭섭한 기억들, 아쉽고도 그리운
모든 그런 것들을 다 접어야만 하는

끝이라고.

모순

대답을 요구하는 입과
제발 아니기를 바라며 그러지 말아 달라는 눈.

모든 것엔 '때'라는 게 존재한다

새로 산 옷은 바로 입고
새로 산 신발은 바로 신고
맛있는 음식은 식기 전에 먹고
꽃은 활짝 피었을 때 보고
지나간 사람은 지날 때 동시에 정리하고.

괜히 정리할 시기를 놓쳐
지금까지도 상처에 허우적거리지 말고.

분명 사랑이란 이름으로 불렸는데
사랑이 없었던 사랑

추운 겨울 그 시린 기운이 맴도는 집에서
한 이불을 덮었다.
추워서 같이 덮은 이불 안은 묘하게 더 시렸다.
처음엔 마냥 달았던 네가
이제 달지 않음을 깨달았을 때
우리 사이는 꽤 닮아 있었다.

'사랑해.'라는 말보다 많아지던 '괜찮아.'라는 말

나는 "사랑한다."라는 말을 너에게 더 해주고 싶었다.

괜찮지 않은 것들에 대해
내 감정을 속이며 "괜찮아."라는 말을 뱉는 것보다

사랑한다고 정말 많이 사랑한다고 말해주고 싶었다.

내가 너를 사랑하지 않는 순간이 올 때

당신의 모진 행동들이 아프진 않아요.
다만 당신의 그 모진 행동들을
버티다 또 버텨내다 지쳐

내가 당신을 떠나게 될까 봐
그게 아픈 거예요.

듣기만 해도 가슴 떨리던 사람이
이젠 다른 느낌으로 떨린다

점점 소홀해져 가던 너에게
집착을 했다.
관계는 목을 매는 구걸이 아닌데

네가 날 봐준다면 얼마나 좋을까.
네 마음속에 내가 가득한 건 바라지도 않을 테니
그저 한 줌이라도 있기를 바라며
내 자존감을 깎아내렸다.

예뻐지기 위해 노력하고
성격을 고치려 노력하고

그럼에도 불구하고
마음이 돌아오지 않는 널 온전히 체념했을 때
바뀌어야 하는 건 내가 아니라 너였단 걸 알았다.

그래도 그 노력들로 한 가지 터득한 건

너는 늘 나를 놓칠 수도 있다는 걸.
전혀 모르는 듯이 날 대했단 것.

두 번 헤어지는 일

너와 헤어진 후
수십 번 아니 수백 번은 더 너를 붙잡고 싶었다.
그렇게 붙잡아서 네가 돌아만 온다면 좋았다.

하지만 곧 생각이 바뀌었다.
너를 두 번 만나면
두 번 헤어지게 될까 봐
이런 식으로 또다시 아파야 한다면
그건 너무 두려웠다.

널 사랑하는 마음은 분명했지만
다시 우리가 만나는 일은
헤어지던 순간만큼이나 어려웠다.

너는 아프지 않은데 나는 아프다면

이 사람과 함께해도 부질없다 느껴질 때면 끝내는 게 맞아요.
관계 자체가 부질없다는 뜻이기도 하니까요.

상대는 이미 당신이 궁금하지도 않고
마음 정리를 벌써 했을지도 몰라요.

괜히 혼자 자책하지 말아요. 이미 당신은 충분히 아팠을 테니.

괜찮다는 건 괜찮지 않음을

나를 마주하고도 핸드폰만 보는 네가 밉지가 않아.
처음엔 내가 울면 어찌할 줄 몰라 동동거리던 네가
이젠 한숨과 함께 "또?"라고 해도 네가 밉지가 않아.
종일 기다렸을 나를 보고도 피곤하다는 말이 먼저인 네가
밉지가 않아.
내가 모르는 너의 일상들이 점점 많아져도 네가 밉지가 않아.

단지 그런 너를 미워하지 못하는 내가 미울 뿐.

왜 난 끝나고 나서 알았을까

영화 보고 카페를 가고 취미를 공유하고 일상을 함께하는 일, 평범해도 의미가 있었다.

'너랑'이었기에.

허수아비 곁에 있던 참새는 떠나갔다

"이쯤에서 그만하는 게 좋을 것 같아."

좋지 못했던 마음들을 억지로 숨겨가며 말을 하는
네 목소리가 떨렸다.
입술을 꾹 다물고 눈물을 글썽이다
고개를 숙이고 한숨을 쉰다.

아무 말도 하지 못했다.

"마지막으로 한 번만 안아보고 정말 헤어지자."

허수아비처럼 서 있는 나를 네가 안았다.
그 포옹이 참 오랜만이라는 걸 깨달은 순간
쓰라렸다. 무너질 것만 같았다.
도저히 널 잡을 수가 없었다.

넌 내 생각보다 잘 지냈고
난 내 생각보다 잘 지내지 못했다

너 하나가 내 일상에서 사라졌을 뿐인데
아픔은 하루도 빠짐없이 나를 찾아와 괴롭혔고,
덜렁대는 행동이 잦아져 정신을 차리기가 벅찼다.

너 하나가 내 일상의 전부였다는 걸
너 하나가 떠나고 나서야 그제야 깨달았다.

커플링

땅을 보며 걷다 보면
어쩌다 떨어진 반지를 한 번씩 보곤 했다.

저마다 사연이 깃든 것만 같았다.
누군가 잃어버렸다기보다
의도적으로 슬픔을 참고 잊으려 애쓴 흔적.

내 기다림이 무색해지게

오랜만에 온 건 넌데
왜 오랜만에 왔냐며
아쉬워하는 것도 너니.

더 이상 날 사랑하지 않는 널 지켜보는 일

처음엔 나의 모든 걸 사랑해주던 사람이
이젠 이런 부분이 싫고 저런 부분도 싫다는 건.

난 그대론데
네가 변한 거야.

그저 '척'일 뿐이니

나쁜 사람이 되기 싫어서
상대에게 미루는 행동.
그래봤자 달라질 건 없다.

나쁜 놈이 나쁘지 않은 척한다고
그렇지 않은 건 아니니까.

결심과 본심 그 사이

그립던 그 사람이, 그토록 날 아프게 했던 그 사람이
내가 괜찮아질 즈음 나를 찾아와
다시 그때처럼 웃는다.
다시 내가 흔들린다.

그래, 흔들릴 뿐이다.

그때처럼 내가 당신을 사랑했더라면
흔들릴 틈이라는 걸 주지 않고 당신에게 뛰어가 안겼겠지.
이제 나도 아는 거다.
당신과는 그때로 갈 수 없다는 걸.

애정을 구걸하는 일은 별로지만
더 별로인 건 당신을 그렇게 만든 사람

매 순간이 헷갈렸다.
어떨 땐 '나만 좋아하는 건가?' 싶다가도
'나를 좋아해 주네.' 싶기도 해서

좋아하면 헷갈리게 하지 않는다는 말에
눈감고 귀를 닫으며 스스로 아파했다.

너는 아니기를 바라는 마음으로 바보처럼.

눈감아준 건 사랑이었어, 사랑을 이용하지 마

내가 아플 걸 알면서 내가 화가 날 걸 알면서
한두 번도 아닌 일을 또다시
실수라고 덮으려 하면

"아, 그래. 실수구나."
하고 또 덮어줄 줄 알았니?

변명과 실수는 달라.
잘못을 회피하지 마.

진심 아닌 말들을 뱉으며 진심을 알아주기를 바랐다

서로 솔직해져야 할 시간들을
많은 기회가 있었음에도 잡지 못했다.
아직 그리우면서
그렇지 않다고 부정하고 있다.
지금 이 순간 역시 기회라는 걸 알지 못한다, 우린.

그때 솔직했더라면
그때 용기가 있었더라면
그때 사랑한다고 말해줬더라면
그때 그랬더라면
지금 네가 내 옆에 있었을까?

아직도 너에게 묶여있는 나

왜 그런 거 있잖아.
당신이 내게 오기 전까지만 해도
아무 문제없던 것들이
당신이 떠남과 동시에
문제가 되어버린다는 게,
그런 게 나를 더 힘들게 하더라.

괜찮아, 혼자가 익숙해 왔으니
당신이 떠나간들 잠깐 흔들릴 뿐이겠지.

무너지지 않아.
무너지지 않을 거야.
무너지지 않고 싶어.

무너질 것만 같다.

의심은 진심을 흐리게 한다

상대를 위해서라는 거짓말은 없다.
그게 선의의 거짓말일지라도
그 후로도 계속 당신의 말끝에선
나의 의심이 묻어나올 테니까.

의심은 진심도 흐리게 만들 테니까.

결정권은 마음이 가지고 있다

어떤 결정을 내림에 앞서
늘 결정권은 머리가 아닌 마음이 가지고 있다는 것.
너를 이젠 잊어야겠다는 생각을
너를 아직 사랑하고 있다는 감정이 이겨

나를 주저앉게 만들더라.

나를 오해하는 당신께

당신은 이별을 말하는 내가 참 쉽다고 말했죠.
나는 당신을 사랑하는 것에도 용기가 필요했지만
당신과의 헤어짐에도 용기가 필요했어요.

당신과의 모든 건, 단 한 순간도 나에게 쉽지 않았어요.

너랑 사귀지 말았어야 했어

"너랑 사귀지 말았어야 했어."라는 말은
너랑 사귀었던 지난날들이 후회된다는 말이 아니라
너랑 끝난 그 후의 하루하루가 아프다는,
널 잊기가 너무 힘들다는 말이야.

널 더 이상 버리지 말았으면

요구하지 마. 구걸하지 마. 목매지 마.
사랑은 알려주는 게 아니니까.

스스로 알지를 못하는데
알려줘서 받는 사랑이 행복할 수 있을 것 같아?

늘 네 사랑이 소중해, 네가 고파서

많이 받은 사람은 또 받아도 그저 그런데
많이 못 받은 사람은 하나하나가 소중해.

나를 봐주었으면 하는 사람이 나를 봐주지 않을 때

너와 내가 싸운 날.
지치고 지칠 대로 싸운 날.

답이 없던 너를 기다리다
네가 잔다는 사실을 깨달은 순간.
싸움의 시간이 길어진다는 것이,
너는 더 이상 나와 할 말이 없다는 것이

우리 사랑이 끝나버렸다는 걸 알게 하더라.
너는 갈수록 내가 너를 포기하게 만들더라.

어장관리

사람 헷갈리게 만드는 너의 행동들,
너는 별 의미 없다 해도
나에게는 의미 있게 느껴지니까.

그 의미부여에 빠진 사람이
나 하나가 아니라는 사실을 모른 채.

어쩌면 모른 척한 채로.

오히려

너의 그 건조한 행동에
내가 섭섭함을 토해내면
넌 늘 뭐가 잘못되었느냐고,
왜 또 이러느냐고 오히려 나를 탓하더라.

그 건조한 행동 속에 이별을 녹여낸 건
숨긴 채로 말이지.

의미를 아는지, 그저 모면일 뿐인지

우리가 다툴 때마다 나오는 그 '최선'이라는 게
정말 나를 위했던 최선이었던 건지,
그저 당신의 찝찝함을 달래기 위한 최선이었던 건지.

난 그럴 수가 없어서

네가 떠난 후 너의 흔적들이 너무나도 아팠다.
이미 다 외워버린 전화번호를 지우며 제발 잊고 싶다고
발버둥을 치는 내 모습이 우습게만 느껴졌다.

새벽 늦게 뜬 네 번호가 술김에라는 걸,
그저 외로움을 달래기 위함이라는 걸 알면서도
밤을 지새우던 다짐들을 뒤로 한 채 전화를 받았다.

아니, 솔직히 말하자면 전화가 끊기는 게 너무 두려웠다.

혹시나 돌아올 수도 있단 헛된 기대가 나를 떨게 했다.
난 더 아파야 했고 또 아파해야 했다.

왜 나는 너에게 모질지를 못할까.

헤어진 사이라는 건

이제 우리 사이는
마치 낮과 밤처럼 함께일 수 없다는 것.

푸르스름하게 멍이 들다

빨갛던 사랑에 멍이 들자
점점 빨간 빛을 잃어가네요.
푸르스름한 빛을 띄어가네요.

지금 내 마음에도 멍이 들었네요.

좋지 못한 상황을 참고 견디다 보면
좋았던 상황이 묻혀서 희미해져요

이해라는 건
내가 너를 알아줄 수 있을 때,
내가 너를 안아줄 수 있을 때
해야 하는 건데
나에게 상처 주는
네 속마음은 하나도 모르면서

오늘도 나는 너를 이해한다고 했다.
내 마음이 찢어져 가는데도.

매일 네가 생각나. 표현을 안 할 뿐이지

우리가 헤어진 후의
시간은 어떻게 흐를까 궁금했다.

눈에 띄게 식어가고 있었기에
어느 정도 예상했던 일이었는데,
그래서 덤덤할 줄 알았는데
헤어진 후의 시간이라는 건 어떻게 흐를 수가 없었다.

절망의 절정을 찍고
시간은 그대로
멈춰버렸다.

늘 좋았기에 늘 좋을 거라 믿었던

내가 외롭고 서운할 때 그렇지 않게 해주지.
아니, 말 한마디라도 다정하게 해주지.
나를 외롭게 만든 건 너였어.

내가 닫을까 말까를 얼마나 망설였는데
뒤늦게 닫혀가는 내 마음 앞에서
이제는 그러지 않겠다며 불안해하는 네 모습이
정말 불안한 건지조차 모르겠어, 이젠.

뒤늦게 이렇게 잘해주는 것들이
할 수 있었는데 하지 않았던 걸로밖에 느껴지지 않아.
너를 더 사랑하고 싶지 않아.

권태기

우리의 연애는 꽉 막힌 도로 같았다.
답답할 뿐만 아니라 늘 지루한 제자리걸음.
다른 차를 타도 막히는 상황은 또 찾아올 걸 알면서도
그냥 다른 차를 탈까 매번 망설여지기도 하는.

어차피 도로는 뚫릴 거고
뚫리고 나면 이 답답함도 언제 그랬냐는 듯 사라질 텐데

지금 이 순간이 힘들다.

미안함을 사랑으로 착각하지 않기

미련에 흔들리는 이유는 좋았던 기억과
못 해준 아쉬움이 남아서일 거예요.

분명히 나쁜 기억도 더 잘해준 기억도 있을 텐데
시간에 가려 판단력이 흐려진 탓일 거예요.

그렇게 좋은 것들만 가득했더라면 헤어지지 않았겠죠.
자꾸 끝난 상대를 그리워하지 말아요.

그냥 너를 사랑하는 일에만 집중할걸

왜 나는
내가 널 더 사랑하는 것 같은 느낌에
억울해했을까? 자존심 상해했을까?
사랑의 크기가 어찌 되었건
결국 네가 날 사랑한단 건 사실이었을 텐데.

아니, 어쩌면 내가 널 온전히 믿지 못할 때마다 커진
불안함이 사랑을 가려버린 탓이겠지.

분명 보이지 않는 사랑까지 보려 노력했더라면
이렇게 끝이 나진 않았을 텐데 말이야.

끊을 수 없는

만약에 기억을 잃게 된다거나 아니,
기억을 삭제하는 일이 가능해진대도

이 사람은 나를 너무 사랑해서
나도 이 사람을 너무 사랑해서

머리의 기억은 지우더라도
마음으로는 기억하고 있을 것만 같다.

삐걱거림

순간의 삐걱거림이
너와 나의 전부는 아니었는데 말이지.

제5장

괜찮지 않았지만 괜찮다고 말했다

더할 나위 없이 소중한 당신

"돈도 없으면서, 돈 아깝게 뭐 이런 걸 다 사 왔어."

내가 사랑하는 사람의 단골 멘트다.
당신도 나를 위해서라면 다 해줄 거면서
나도 당신과 같은 마음이라는 건 왜 알지 못하는지.

연필도 끝까지 다 깎아 쓰는 당신께
종이도 앞뒤가 모자라 여백도 없이 쓰는 당신께
남는 반찬이 뭐가 그리 아깝다고 그걸 또 비벼 먹는 당신께

그저 속상할 뿐, 그런 당신께 나는 아까운 게 없어.

가끔은 가족이 가장 모른다

일찍 철이 들었다는 말,
아직 어린데 어른 같기도 하다는 모호한 말.
예전엔 으쓱했지만
지날수록 힘들어도 힘들다 내뱉을 수 없게
나를 묶어버리기도 하는 말.

용건 없는 전화

"밥은 잘 먹고 다니니?
그냥 생각나서 한번 전화해봤는데 바쁘면 끊어도 돼."

용건 없는 당신의 전화에 기분이 좋습니다.
혹시나 바쁠까 염려하는 당신의 마음에
먼저 전화를 걸지 못한 내가 미워
당신께 미안했습니다.

그래도 무뚝뚝한 당신 입에서 흘러나오는 그 안부가
새삼 보이는 사랑 같아서 반가웠습니다.

힘이 빠진 자리를 절실함으로 메꿔 다시 일어서던

온몸에 힘이 다 빠질 만큼 일을 했는데
아빠는 내일 또 일을 하러 나간대.
삶에 대한 의지가 여러 번 밟혔음에도
묵묵히 일을 나가야 한대.
발자국이 가득한 의지를 줍기 위해
캄캄한 바닥을 더듬거린다.

언제 그랬냐는 듯
"아빠 잘 다녀올게!"라는 말을 남기고

다시 일을 하러 나가는 당신.

아침밥이 든든한 게 아니라
그 밥을 준비한 당신이 든든해

이른 아침 나보다 더 일찍 일어나 밥을 차려줄 사람.
애써 준비한 찌개가 식고 있음에도
잠이 더 고프다는 나를 말없이 기다려줄 사람.

늦어서 아침을 못 먹겠다는 나를 위해
그래도 아침은 든든하게 먹어야 한다며
다시 과일을 까서 갈고
주먹밥을 싸주며 조심히 잘 다녀오라는 사람.

과연 이런 사람이, 이런 사랑이 또 있을까?

뜨겁게 박수를 치던 관객의 마음처럼

너를 낳고 너를 키우면서 나는 행복했지만,
지금도 많이 행복해서 더 바랄 게 없지만

굳이 하나를 바라자면

너의 삶이 나의 삶보다
더 근사했으면,
더 행복했으면 해.

가끔은 당신이 내 꿈의 전부기도 해요

글과 친하지 않은 나의 할머니가
우편물이 오면 또박또박 초등학생처럼 읽는 우리 할머니가
밤마다 흐릿한 눈으로 나의 책을, 나의 글을 읽는다
하셨을 때 정해졌다.

내가 두 번째 책을 써야 하는 이유가.

당신은 늘 나보다 '더'

"아직도 있네? 너 옛날에 저거 갖고 싶어 했던 건데
아빠가 못 사줬잖아, 지금이라도 사줄까?"

"내가 갖고 싶어 했던 거라고?"

내가 어릴 때 사주지 못한 물건에 대해
아빠가 그렇게 마음을 쓰고 계시는지 몰랐다.

예나 지금이나 가벼운 가격은 아니라는 자각에
미안해하고 있을 무렵,
아빠는 나보다 더 미안하다 하셨다.

남들처럼 이것도 저것도 해주고 싶은데
그러지를 못해서, 능력이 없어서 미안하다 하셨다.

늘 잘해주려 노력한 당신인데
늘 다 해주고 싶어 한 당신인데
뭐가 그리 매번 미안한지.

대신 아팠으면 하는 마음으로

할머니가 안절부절못하며
고열의 내 이마에 물에 적신 수건을 얹는다.
절뚝거리는 다리를 끌고
그 수건을 다시 차게 해온다.

할머니의 밤이 희생되고
할머니의 잠이 희생된다.

자꾸만 당신이 희생되면서도

"나는 다 괜찮으니 너만 아프지 않으면 된다."고 하니
서로가 괜찮지 않다.

더 깊어졌는데 왜 외로웠을까

어렸을 땐 아버지처럼 살고 싶었다.

조금 시간이 지났을 땐
아버지처럼은 살기 싫었고,

보다 더 긴 시간이 지나갔을 땐
아버지가 이해가 됐다.

나는 아버지만큼은 살 수 있을까?

당신의 상처가 모두 흐르기를

어렸을 땐 울며 엄마를 찾기 바빴다.
오죽했으면 울음소리에 "엄마"가 섞여 나왔을까.
지금은 최대한 울음을 삼켜야 하고
나의 울음을 최대한 엄마가 알아선 안 되는 때가 되었다.

사랑하는 딸과 아들아

너는 아빠의 자존심이어서
어딜 가든 기죽지 말고 당당하게 행동했으면 좋겠어.
네가 기죽으면
아빠 자존심이 상하잖아.

오래오래 보고 싶은 사람,
보고 있어도 보고 싶은 사람

할머니의 발톱을 깎아 드리는데
발이 참 울퉁불퉁했다.
뼈를 겨우 덮은 듯한 살가죽이
꼭 다 말라버린 나무껍질 같았다.
'이 발로 사랑하는 나를 위해 뛰어다니셨겠구나.' 싶어

말없이 할머니의 발을 만지작거렸다.

사랑을 쓰다

창고에서 발견한 누런 멜로디 카드.
'2008년 12월 25일, 사랑하는 아빠가'

내가 나이를 먹는 동안
너도 누런빛을 머금었구나.
여전히 누르면 노래가 나오는 게 신기해.
그 카드의 내용처럼
여전히 나를 사랑하는 당신이 감사해.

늦었다고 생각할 때가 가장 빠를 수도 있다는 말

놀러 가는 게 피곤하고 귀찮다고 하시던 부모님이
약속 날 아침 나보다 더 일찍 일어나
거울을 보며 머리를 만지고
옷을 여러 번 갈아입으신다.

신이 나서 콧노래를 흥얼거리시는 부모님을 보면

'왜 진작 좋은 곳을 같이 가려 하지 못했을까.'
괜히 죄송스러워지곤 한다.

바람 그리고 바람

아빠는 주말에 잠깐 보는 것마저
어려울 만큼 바쁘셨다. 원망스러웠다.

아빠는 왜 바빠서
나를 기다리게 할까. 나를 혼자 둘까. 나를 외롭게 할까.

늦은 밤 불을 끄지 않고
아빠를 보기 위해 기다린 적이 있었다.
왜 자지 않았냐는 물음에
차마 아빠가 보고 싶어서라곤 말을 하지 못했다.
바라본 얼굴은 웃고 있었지만 많이 지쳐 보였다.
기다리던 나보다, 외로웠던 나보다
더 지쳐 있었다.

시간이 지난 지금은 조금 알 것 같기도 하다.
나를 사랑해서 나를 외롭게 만든 것임을.
해줘도 더 해달라 떼를 쓰던 나의 바람에
찬바람을 맞으셨던 아버지가 더 외로웠을 것을.

굳은 얼음처럼 단단했던 설움들이
봄이 발을 디딘 듯 녹기 시작했다.

잠 못 이루던 아버지의 밤

예전엔 아버지께 혼이 나고 울며 보내는
밤이 참 서러웠다.
그땐 참 단순했을 나이라
설움은 금방 무뎌졌고,
그즈음 아버지는 나를 찾아와
잠든 척하는 내 머리를 쓰다듬어주곤 하셨다.

물을 마시러 나가 마주친 아버지는
미안한 얼굴로 잠 못 이룬 채 계셨다.
화를 낸 당신이 날 더 사랑한다는 걸 느끼게 해주셨다.

당신들의 청춘이 너무 빨리 시든 게 아닐까 싶어서

청춘이라 부르던 당신들의 나이에 내가 생겼다.

몸살이 나도 병원 한 번을 가지 않던 당신이
내 작은 기침 소리에 놀라 나를 병원에 데리고 간다.
꾸미기를 참 좋아했던 당신이 허름한 옷을 입은 채로
내 옷을 고르기 바쁘다.

꿈을 포기하고 자신의 인생이 아닌 나의 인생을 위해
희생을 하면서도
나를 가진 것에 대해 전혀 후회 없다고
책임질 수 있어 행복했다는 당신들.

만약 지금 내 나이 때의 부모님을 만날 수 있다면
꼭 말해주고 싶다.

엄마는 예쁘잖아. 예쁘니까 한껏 즐겼으면 해.
그 예쁨을 누리고 또 누리다
후회 없을 때 우리 만나지 그랬어.

아빠는 꿈이 많으니까 한껏 꿈을 꾸다가
할 수 있는 거 다 해보고
미련이 없을 때 우리 만나지 그랬어.

아버지의 주름길을 돌아보았다

어떤 길을 걷게 되었다.
다른 길에 비해 이 길은 더 험난했고, 더 거칠었다.
움푹 파인 웅덩이에 발을 헛디뎠을 땐 원망스러웠고
울퉁불퉁 볼품없는 것들이 전부 짜증스러웠다.

시간이 많이 지나서 아버지의 주름을 돌아보았다.
누구나 고생을 하지만
아버지는 더 녹슬어 있었고 더 작아져 있었다.
평탄치 못한 환경에서 자란 것에 대해
원망을 토해내는 나 때문에 몰래 울고 계셨다.
가난이 시선 끝에 가득 차오를 때마다 짜증을 부렸던 날
사랑한다고 늘 말하고 계셨다.

마치 눈사람과 같은 두 얼굴을 포개고서는1

한 남자의 큰 얼굴 위에
한 여자아이의 작은 얼굴이 놓여 있다.
참새를 겨우 잡을 듯한 두 손으로
남자의 머리카락을 부여잡고 경직된 얼굴을 해 보인다.
당겨지는 머리카락이 아플 법도 한데
그 남자는 뭐가 그리도 즐거운지 웃는다.

"하늘 참 예쁘지?"

아빠의 말을 따라간 하늘은 참 예뻤다.
손을 쥐었다 펴보았다.
금세라도 하늘이 잡힐 것만 같았다.
당신과 함께였기에.

마치 눈사람과 같은 두 얼굴을 포개고서는 2

이제 내가 당신의 어깨 위에 올라타지 못할 만큼 시간이 흘렀다.
나를 지키기 위해 찬바람을 맞으셨던 등과 어깨에
파스가 덕지덕지 붙어 있다.
이미 붙어 있는 것도 마음이 아픈데 더 붙이고 계신다.

근데 그걸 또 혼자 붙이고 계신다.

당신과 함께 보던 하늘이 흐릿해져 간다.
횡단보도를 여유 있게 걸을 시간조차 아까워 뛰어가고
밥 대신 빵으로 끼니를 때우는 일이 다반사고
시간이 부족해 밤의 시간까지 빌리던 당신과
하늘을 보던 때가 그립기만 하다.

열심히 살아가는 게 아니라
살기 위해 열심히 발버둥을 치는 듯한 날이다.

행복이 어려워

문득 행복이 참 어렵다는 걸 느꼈다.
그런데도 내가 간혹 행복할 수 있었던 건
누군가가 자신의 소중한 행복을 나눠줘서가 아닐까.

아빠는 늘
힘들어도 힘들다 말하지 않고
나를 더 사랑한다고 얘기해주셨다.

그 통닭이 더 짐이 되는 것만 같아서

당신의 하루가 궁금해
당신을 멀리서 지켜보았습니다.
당신의 하루를 정말 안아주고만 싶어서 가슴이 먹먹했습니다.

비몽사몽으로 파스가 가득한 몸 위에 대충 겉옷을 걸칠 때부터
통닭을 손에 쥐고 돌아오는 당신의 하루 전부.
당신이 얼마나 힘들었는지 알게 되니
그 통닭이 마냥 달갑지만은 않더군요.

지금은 그때가 그립지만 나중엔 당신이 그립겠죠

당신이 내게 핸드폰 사용법을 물었을 때
기분이 묘했습니다.

난 언제부터 당신께 질문이 줄어들었고
당신은 언제부터 내게 질문이 늘어났는지.

우리가 함께할 날이 자꾸만 줄고 있는 것 같아
기분이 묘했습니다.

사랑하는 사람을 잃는다는 일은

바쁜 아빠를 대신해줬던 엄마가 돌아가시던 날
당신이 얼마나 잘 살아왔는지를 볼 수 있었다.

모두가 다 슬퍼했다.

나는 어렸다는 변명으로
죽음을 그리고 슬픔을 뚜렷하게 알진 못했다.

당신이 떠난 지 어느덧 10년.
당신이 처음으로 이름을 가르쳐준 생선을 볼 때마다
당신이 정말 좋아했던 땅콩 캐러멜을 볼 때마다
당신이 떠준 목도리를 볼 때마다

슬픔을 배웠다. 슬픔이 쌓였다. 슬픔이 뚜렷해졌다.

애석하게도 말은 늘 우리가 서로를 오해하게 한다

상처를 받질 않길 바라는 마음에서 했던 말들이
더 상처가 되는 건 아닌지 생각해봤으면 한다.

우린 서로가 무심코 뱉은 그 말에
서로가 얼마나 아파했는지 모른다.

싸울 때마다 우린 처음이니까

내가 첫 딸이어서
아빠는 내가 태어난 순간부터 아빠가 되었다고 한다.
우리에겐 서로가 처음이었다.
누가 시켜서도 아니고 억지로도 아니었는데
그저 나라는 존재를 지켜주고 싶었고
사랑해주고 싶었다며.

가끔 싸우긴 했지만
아빠도 아빠가 처음이고
나도 딸이 처음이니까 그 서투름이 이해가 됐다.

이상하게
미운 적은 있어도 싫은 적은 없었다.
설령 싫어진다 한들
정말 보지 못할 상황이 오는 건 바라지 않는다.

사랑을 받는 시간은 굉장히 길었음에도 불구하고
사랑을 갚는 시간은 굉장히 짧다

이 세상에 있는 게 아쉬울 만큼 예쁜 꽃을 만났다.
화분에 담아 햇살이 가장 잘 드는 창가에 두었다.
처음엔 물도 꼬박꼬박 주고 함께 얘기도 많이 나눴다.
꽃은 말없이 늘 내 말을 다 들어줬다.

바빠졌다, 나에게 소홀해졌고
꽃에겐 더 소홀해졌다.

생각해서 물을 주지 않고
생각날 때 물을 주다 보니
꽃은 점점 말라갔다. 시들시들했다.

이제 조금 적응을 하고 여유가 생겨
들여다보니 꽃은 이미 시들어 죽어 있었다.
더는 꽃과 얘기를 할 수가 없었다.

조금 떨어진 위치에서 적당한 응원

행여나 뒤처질까
전전긍긍하는 다른 부모님들과 달리
아빠는 늘 나에게 잘 가고 있다고 말씀해주셨다.
뒤처지더라도 함께 그 길을 지났다는 것이
중요하다고 마음을 담아 얘길 하며
나를 응원해주셨다.

너무 날 놓아버리지도 않고
너무 날 가둬두려 하지도 않은 채로
아빤 늘 내 편이었다.

어떤 감정과 어떤 생각으로 쓴 글인지 봐주길 바라요

할머니가 거울을 보고 울상을 짓고 있다.
어른에게 귀엽다는 표현을 쓰는 건 옳지 않지만
그 모습이 귀여워서 나도 모르게 웃음이 나왔다.

할머니는 본인의 얼굴이
늙음으로 인해 주름지고 하찮아졌다고 하신다.
그 푸념이 내가 마주하지 못한 당신의 흔적 같아 반가웠다.
그 주름과 늙음이 마냥 고왔다.

흰 머리를 애처롭게 보며 염색을 하려는 할머니가
지금 그 모습대로 예뻤으면 좋겠다.

립스틱의 색이 너무 화려해 부끄럽다는 할머니가
본인이 꽃이라는 사실을 얼른 깨달았으면 좋겠다.

이 글을 읽고 있을 할머니가 지금 이 순간부터는
거울을 보고 웃길 바란다.

늘 좋고 늘 괜찮다 말하던 당신

과일은 깎다 남은 몸통이
생선은 살이 없는 머리가
김밥은 못생긴 꼬투리가
밥을 새로 지을 땐 굳고 찬밥이 맛있다던 당신.

우리에겐 새 옷과 새 신발을 사주면서
낡은 냄새가 밴 그 옷과 신발이 아직 튼튼하다 말하던 당신.

늘 가족들을 위해 살면서
가족에 당신은 포함되어 있지 않기라도 한 양
왜 당신은 늘 뒷전이냐는 내 말에
당신은 마냥 좋다고, 다 괜찮다 답하던.

치매
: 기억의 끈

당신과 나의 손을 연결한 끈.
어쩌면 이 끈이 붙잡고 있는 건 당신과 나의 손이 아니라
당신의 희미해진 기억을 억지로라도 붙잡고 싶어
묶어놓은 마음이 아닐까.

내 마음도 당신 마음과 같은데
: 전하지 못한 마음들

요리를 해보니까 요리를 하는 시간은
먹는 시간에 비해 꽤 길더라고요.
재료를 사오고 다듬고
또 다듬은 것들을 요리하고 담아내는 일까지.

전날 싸운 나한테 섭섭하지도 않은지
다음날 아무렇지도 않게 밥을 먹으라고 하는 당신이
그 긴 시간 무슨 마음으로, 어떤 생각으로
요리를 했을지 알 것 같아
가슴 한편이 먹먹해지더라고요.

미안하다고 사랑한다고 말을 하고 싶었는데
말없이 밥만 먹게 되더라고요.

마음 앞 천천히

할머니 댁에 가고 있었다.
달리는 아빠 차 안에서 멍하니 앞을 바라보는데
도로 위에 적힌 문구가 눈에 들어왔다.

'마음 앞 천천히'
다시 보니 '마을 앞 천천히'를 잘못 본 거였다.

'지난날 마음을 주고받는 일 앞에서
조금 속도를 낮췄더라면 내 마음은 지금보다 괜찮을까?'

속도를 줄여 틈이라는 걸 줬다면
소중한 내 마음이 시들지 않게,
지치지 않게 지켜줄 수 있었을 텐데.
우린 모두 마음 앞에서 천천히 할 필요가 있다.

내일 죽는다면 오늘을 당신으로 채우고 싶어요

이런 생각은 좋지 못한 것이겠지만
내가 교통사고나 음, 그냥 갑자기 당신과 사별한다면
너무 마음이 괴로울 것 같아요.
내가 죽었다는 사실보다
당신께 더 잘해주지 못한 것,
사랑한다 말하지 못한 것들 때문에.

오늘은 꼭
용기 내 말했으면.

부모가 된 자식을 챙기는 부모

당신과 늘 함께일 줄 알았는데
당신을 떠나 결혼을 하고 아이를 낳았다.
아이를 챙기다 보니 내 인생에 소홀해졌다.

당신이 읽어주던 책을 나의 아이에게 읽어주고
당신이 해주던 밥을 나의 아이에게 해주고.

분명 소홀했지만 허전하진 않았다.
난 아이를 보며 살았어도
당신은 여전히 나를 보며 살아주었기에.

늘 못났다 놀리면서도
다른 누군가 내게 못났다 하면 발끈하며 화를 내고
당신의 이름이 아닌 나의 부모로 불리는 것에 익숙해하던
가끔 알면서 속아주고
앞에선 무뚝뚝해도 뒤에선 최고로 날 사랑해주던,
사랑이란 다른 어떠한 것보다 우선순위가 된다는 것을
알려준 당신.

내가 그런 당신의 사랑을 깨달았을 땐
받은 사랑을 당신이 아닌 자식에게 줘야 할 때였다.

하고 싶은 말이 많았지만 아무 말도 할 수가 없었다

온전치 못한 나의 삶을 위해
자신의 삶을 온전치 못하게 하는 당신.

당신은 당신의 꿈꿀 기회들을
나에게 다 줘버리네요.

자식인 나만큼은 당신같이 살지 말라는 말을 하며
당신의 삶을 다 줘버리네요.
당신의 꿈을 다 줘버리네요.

벌써부터 그리운

겨울 시린 바람을 맞으며 하는 낚시가 좋다고 하신다.
한 마리도 못 잡는 낚시가 뭐가 그리 좋은지
또 낚시를 가신다.
가만 보면 아버지는 생각을 낚는 중인 것도 같다.
생각이 정리된 후
묵묵히 걸어가는 뒷모습이 점점 작아진다. 점이 된다.
뛰어가서 안고만 싶은데
빠지는 진흙 속에 갇히기라도 한 것처럼 발을 떼기가 어렵다.

늘 좋은 것만 보기를 바라는 마음

아빠와 함께 차를 타고 가던 중
도로에서 고양이의 죽음을 보았다.
아빠는 그 찰나에 말을 더 많이 하셨고
조금 더 속도를 올리셨다.
이미 봐버린 나를 눈치 채곤
마치 보여주고 싶지 않았던 걸 들킨 듯

"좋은 것만 봤으면 했는데." 혼자 중얼거리셨다.

수평선

하늘과 바다가 만나는 지점을 수평선이라 알려주셨다.
그 사이가 예뻤다. 닿지도 않는 손을 꼼지락거려보았다.
아버지와 내가 만나는 지점은 뭐라고 할까 궁금해졌다.
상상도 가지 않는 그 예쁨이 간질거려 기분이 좋아졌다.

든든한 내 편

알록달록
가을 나뭇잎 같은 색깔의 크레파스가 있었더라면
어릴 적 그렸던 내 도화지 속 그림들이 조금은 더 예뻤을까?
지나간 일에 대한 미련은 꼭 욕심과 비슷하게 생겼다.

그림 실력이 부족했던 내가
검은색으로 도화지를 가득 채워 와도
그 위를 노란색으로 덧칠해주고선
당신은 '별이 가득한 밤' 같다며
나를 꼭 안아주시곤 했다.

집안일

"날마다 쌓이는 빨랫감에 세탁기가 몸살이 나겠다."

처음엔 그저 우스갯소리인 줄 알았는데
되뇌며 곱씹고 또 곱씹다 보니 슬픈 소리였다.
본인도 그만큼 힘들단 소리였다.

지금 이 순간 이 모습 모든 걸 눈에 담아
영원히 기억하고 싶기 때문에

가끔 난 당신을 뚫어지게 쳐다보곤 한다.
내 시선을 눈치 채곤 어색하게 고개를 돌리는
당신의 그 뒷모습마저 뚫어지게 쳐다보곤 한다.

당신이 평생을 해온 일

당신이 늘 해왔던 궂은일을 내가 할 뿐인데
왜 그리도 가슴 아파하는지.

자식이라는 이유만으로.

당신은 지났지만, 난 지나지 못했기에

"고작 그런 일로 상처받으면
앞으로 이 험난한 세상은 어떻게 살아갈래?"

나를 염려하는 눈을 하고 거친 말을 뱉으셨다.

고작 그런 일투성이인 세상을
앞으로도 살아가야 한다는 경각심이
아직 닥치지 않은 상처들을 깨워 나에게 쏟아져 내렸다.

어쩌면 당신 말이 틀린 게 없어서 말을 덧붙일 수 없었고,
그래도 사랑이 느껴져서 당신께 말을 덧붙일 수 없었다.

"다 지나갈 일이야, 지나고 나면 정말 별일 아니라고."
아까 했던 말이 미안했단 의미다.
평소에 과묵한 당신이 말이 많아진다는 건.

당신은 한 번 더 덧붙여 얘길 하고 한숨을 쉬며 그 자릴 나갔다.

그래, 지나고 나야 별일인 일을 나는 아직 지나고 있는 중이니
상처를 받아야 하는 건 당연한 거라며
혼자 남은 그곳에서 나를 토닥였다.

엄마한테 넌 늘 아기였는데 말이지

어렸을 땐 뭘 하든 엄마가 필요했다.
"엄마"

대충 어떤 상황인지 짐작할 틈을 줄 만큼
우린 엄마에게 익숙해져 있었다.

서서히 나는 자라고 엄마는 작아질 무렵,
더 이상 나는 엄마의 도움을 받지 않아도 되는 어른이 되었다.
어쩌면 엄마가 필요한 일에도 어른이란 이름을 앞세워

"아 됐어, 내가 할게."라고 하며
괜히 당신을 무안하게 만들곤 했다.

너무 내가 당신을 찾지 않았나 보다.
내가 너무 앞만 보고 걸어왔나 보다.

당신을 이제 두 번 다시 볼 수 없어졌을 때
당신이 미친 듯이 필요했다. 당신이 미친 듯이 보고 싶었다.

다만 당신은
답이 없었다.

괜찮다 말고 아프다 말해

아빠도 엄마도 아플 때가 있다.
내가 알게 되면 걱정을 할까 봐
늘 아픔을 숨기신다. 그 아픔을 견디신다.

그래서 부모님은 강하다는 말이 생겼나 보다.
강한 사람도 아플 때가 많은데.

가끔 잊곤 한다.
나를 걱정시키지 않으려는 당신들의 그 사랑이 너무 커서.